인권이야기

마그나카르타에서 미투 운동까지

도서출판 윤성사 055

인권이야기
마그나카르타에서 미투 운동까지

초판 1쇄 2020년 2월 28일
    2쇄 2020년 11월 10일

지 은 이 이종수, 김영옥, 김영재, 배향자
펴 낸 이 정재훈
디 자 인 (주)디자인뜰
편   집 전이서

펴 낸 곳 도서출판 윤성사
주   소 서울특별시 서대문구 서소문로 27, 충정리시온 제지층 제비116호
전   화 대표번호_02)313-3814 / 영업부_02)313-3813 / 팩스_02)313-3812
전자우편 yspublish@daum.net
등   록 2017. 1. 23

ISBN 979-11-88836-45-1 (03350)
값 13,000원

ⓒ 이종수, 김영옥, 김영재, 배향자, 2020

이 책의 전부 또는 일부 내용을 재사용하려면 반드시 사전에 저작권자와 도서출판 윤성사의 동의를 받아야 합니다.

잘못 만들어진 책은 구입하신 서점에서 교환 가능합니다.

이 도서의 국립중앙도서관 출판예정도서목록(CIP)은 서지정보유통지원시스템 홈페이지(http://seoji.nl.go.kr)와 국가자료종합목록시스템(http://www.nl.go.kr/kolisnet)에서 이용하실 수 있습니다. (CIP제어번호 : CIP2020007058) ipk 연구총서 20-1

Human Rights

인권 이야기

마그나카르타에서 미투 운동까지

이종수 · 김영옥
김영재 · 배향자

도서출판 윤성사
YOONSEONGSA

프롤로그

오늘날 사회적 문제로 떠오른 인권 관련 이슈!
인류 역사는 인권 향상을 향해 점진적으로 발전하고 있다.

'인권'이라는 단어는 언론 매체에서 흔하게 쓰지만, 사람에 따라 각기 다른 의미로 해석해 혼란을 주기도 한다. 인권 문제는 1948년 유엔의 세계인권선언 이후 경제권과 사회권, 넓게는 남녀평등과 아동 노동 문제까지 아우르는 여러 사회적 담론들로 다기화·추상화되었는데 이 때문에 신체·사상의 자유, 신분 제도와 같은 '전통적 인권 문제'에 대한 관심은 상대적으로 소홀해진 것이 사실이다. 필자는 이러한 이유로 이 책을 펴내게 되었다.

논자 중에서는 근대적 의미의 '인권'을 1948년 유엔에서 채택된 '세계인권선언(Universal Declaration of Human Rights)'에서 시작하는 사람들이 적지 않다. 하지만 인권 문제를 제대로 파악하기 위해서는 인권 문제의 뿌리라고 할 수 있는 1215년 영국의 대헌장(Magna Carta)까지 거슬러 올라가야 한다. 1789년의 프랑스 대혁명과 동년 8월 26일 공표된 「프랑스 인권선언」 또한 동일 선상에서 살펴볼 필요가 있다.

'인간의 권리'를 의미하는 인권(人權, human right)을 논할 때는, 인간의 본질적 속성을 어떻게 볼 것인가 하는 '인간의 범위'부터 따져보아야 한다. 노예로 붙잡혀 간 고대 패전국가의 국민과 노예 제도로 거래된 사람들, 근대의 식민지 국민은 인권 논의에서 제외되었다. 여성들도 선거권을 획득하게 된 20세기 초반까지 사람 취급을 받지 못했다. 18세 또는 20세 이상의 남녀 국민 모두에게 선거권이 부여되는 보통선거(Universal suffrage) 제도는, 미국에서는 1920년에 그리고 영국에서는 1928년에 이르러 시행되었다.

역사적으로 인권은 주로 국가의 공권력 행사로 침해되었는데 현재 여러 국가에서 흔하게 볼 수 있는 '고문'이 그 전형적인 예라고 할 수 있다. 그 밖에도 신분·노예 제도 등과 같은 사회적 제도에 의해서도 지난 수천 년간 침해되었는데 선사시대부터 존속되어왔던 신분 제도가 있다. 대표적인 것이 신라시대의 골품 제도, 고려와 조선시대의 양천제(良賤制)와 반상제(班常

制)¹⁾, 인도의 카스트 제도²⁾ 등이다.

인류 역사는 국가 폭력에 의한 인권 침해의 역사 그 자체라고도 표현할 수 있다. 역사상 얼마나 많은 인명이 국가 보위와 사회 안정의 이름 아래 희생되었으며, 인신(人身)이 구속되고 사상과 언론의 자유를 억압받아 왔는지 우리는 알아야 한다.

신분·노예 제도는 활발한 참정권 운동으로 사라졌고, 사람 대상의 소유와 매매를 국제조약과 법률로 금지하고 있지만, 세계 각국에서 성(性)과 노동력을 착취하는 인신매매가 근절되지 않고 있는 것으로 볼 때 이는 현대의 변형된 노예 제도로 봐야 한다.

최근 들어 한국은 물론 여러 사회에서 다발적으로 불거지고 있는 미투

---

1) 양천 제도는 고려와 조선시대에 모든 백성을 양인(良人)과 천인(賤人)의 두 신분으로 나누는 제도를 말하며, 반상제는 백성을 먼저 지배층인 양반과 피지배층인 상민(常民)으로 나누고, 지배층을 다시 양반과 양반 관리를 보좌하는 중인으로 나누는 등 신분 구조를 [양반-중인-상민-천민]의 네 단계로 나눈 조선시대의 신분 제도를 말한다. 1895년 갑오개혁을 계기로 공식적으로 폐지되었다.
2) 카스트 제도(caste system)는 사회구성원을 [브라만(Bramin: 황족, 왕족, 사제)-크샤트리야(Kshatryia: 귀족, 문관, 무관)-바이샤(Vaishya: 평민)-수드라(Sudra: 천민)]의 4계급으로 나누고, 그 아래에 불가촉천민(Untouchables)을 두는 인도의 신분제도를 말한다. 카스트 제도는 3000년의 세월이 지나면서 '자티(Jati)'라는 혈연적 계급이 생기는 등 더욱 세분화 되었다. 인도에서는 2017년 7월 여당인 인도국민당(BJP)의 람 나트 코빈드 후보가 불가촉천민으로는 사상 두 번째로 대통령에 당선되는 등 카스트 제도가 공식적으로는 사라졌으나 사회 구석구석에는 그 흔적이 남아있는 것으로 알려졌다.

(me too) 운동은 모두 인권 침해에 대한 고발로 이해할 수 있다. 가진 자 (haves)의 갑질 행태에 대한 반발로 나타나는 인권 문제의 근본 원인은 권력, 부, 권위와 같은 '사회적 가치'의 불평등한 분포 때문이라고 할 수 있다. 이러한 관점에서 볼 때 인권 문제는 '부당한 불평등의 시정'이라는 균형 잡힌 관점에서 추구되어야 할 것이다.

이 책은 크게 3편의 이야기로 구성되어 있으며, 구체적인 내용은 이렇다.

인권 개념의 진화 과정을 살펴볼 제1편은 인권 신장에 큰 획을 그은 역사적 사건들을 담은 1장과 한국 사회에서의 '국가인권위원회' 창설 등 인권 보호제도의 정착 과정을 담은 2장, 마지막으로 미투 운동과 갑질 행태, 학생인권조례 제정 등 한국 사회에서 다양하게 확산한 인권 이슈들을 담은 3장, 인권선언의 의미와 한계를 담은 4장으로 구성되었다.

인권을 침해하는 사회적 장치들을 살펴볼 제2편은 인권을 침해하는 사회적 장치로서 국가공권력 문제를 다루고 있는 5장, 종교권력에 의한 인권 침해, 계급제도 등 인권을 침해하는 사회적 장치에 대해 다루고 있는 6장, 강대국에 의한 약소국의 인권 침해 사례를 담은 7장으로 구성되었다.

인권 수준의 제고 방안을 모색하는 제3편에서는 사회 전반의 인권감수성 제고를 위한 사회적·정책적 과제들과 국제 연대 활동을 통한 인권 신장 노력 등을 고찰해 볼 것이다.

목차

인권 이야기 Human Rights

■ 프롤로그 / 4

제1편_ 인권 개념의 진화 과정　　　　　　　　　　　　13

제1장_ 인권의 개념과 그 진화 과정　　　　　　　　　　15

 1. 인권의 개념　　　　　　　　　　　　　　　　　　15

 2. 대헌장(마그나카르타)의 탄생　　　　　　　　　　　19

 3. 프랑스 대혁명과 인권선언　　　　　　　　　　　　22

 4. 1948년 유엔의 '세계인권선언(Universal Declaration of Human Rights)'　　25

제2장_ 한국 사회에서의 인권 운동의 전개 과정　　　　35

 1. 한국에서의 인권 이슈의 흐름　　　　　　　　　　35

 2. 국제앰네스티의 활약　　　　　　　　　　　　　　39

 3. 한국의 국가인권위원회 설치　　　　　　　　　　　42

  4. 유엔의 세계인권선언, 국제앰네스티 및 국가인권위원회 활동의
   한계와 기여   44

제3장_ 한국 사회에서 다양하게 확산되는 인권 이슈   47

  1. 갑질 행태와 미투 고발   47
  2. 아동 인권 보호와 학생인권조례 제정   48
   2-1. 아동 인권 보호   48
   2-2. 학생인권조례 제정을 둘러싼 논란   54
  3. '위험의 외주화' 방지법과 인권   59
  4. 인권 이슈의 다방면으로의 확산은 '전통적 인권 문제'의
   초점을 흐릴 뿐이다   60

제4장_ 인권 선언의 철학적 의미   65

  1. 인권을 보는 기본 시각   65
  2. 인간으로서 인권을 가질 권리에 관한 논의   66
  3. 프랑스 인권선언의 철학적 의미   71

제2편_ 인권은 누구에 의해 침해받는가   85

제5장_ 국가공권력과 인권   87

1. 국가공권력의 의미 87

2. 국가공권력에 의한 인권 침해 91

3. 국가 안보를 빙자한 인권 탄압 사례 95

4. 공권력과 인권 보호 99

    4-1. 무너지는 공권력 99

    4-2. 공권력과 인권 주류화 106

    4-3. 인권 보호를 위한 공권력 행사기관의 제도적 장치들 113

제6장_ 인권을 침해하는 여러 사회 제도들   129

1. 종교 권력과 인권 129

2. 노예 제도와 인권 141

3. 계급 제도와 인권 145

4. 기업 인권과 노동자 인권 148

5. 그밖에 인권을 침해하는 사회적 장치들 159

    5-1. 성차별과 여성 인권 159

    5-2. 사회적 편견과 장애인 인권 166

    5-3. 폐쇄된 병영생활과 인권 174

    5-4. 혐오표현에 의한 인권 침해 177

6. 인류의 역사는 국가 공권력에 의한 '인권 탄압의 역사'다 183

제7장_ 국제적 인권 문제   187
    1. 외국인과 이주민의 인권   187
    2. 인권선진국 미국의 인권 침해 사례   191
    3. 북한의 인권   193

제3편_ 인권 수준의 제고를 위해 무엇을 어떻게 하여야 할 것인가?   199
제8장_ 인권 수준 제고를 위한 정책 과제   201
    1. 사회 전반의 인권감수성 제고   201
    2. 인권행정의 확대 · 강화   209
    3. 경찰청 등 공권력 행사 기관의 인권 제도화 노력 제고   215

■ 참고 문헌 / 233

인권 이야기

Human Rights

제1편

인권 개념의 진화 과정

CHAPTER 1

인권의 개념과 그 진화 과정

1. 인권의 개념

인권(human right)은 하늘로부터 부여받은 사람으로서의 당연한 권리를 뜻한다. 1215년의 대헌장(Magna Carta)에서 명시적으로 등장했으며, 1789년의 프랑스 대혁명을 전후하여 널리 사용되기 시작했다.

'인간이라면 누구나 지니는 권리'라는 의미로서의 인권은 이미 고대부터 동서양 여러 사회에서 찾아볼 수 있다. 그러나 인권이 모든 인간에게 인정된 것은 아니다. 멀게는 선사시대 때부터 노예에게는 인권의 개념이 적용되지 않았다. 즉 인간이 다른 인간을 재산, 가축처럼 취급하는 노예제(奴隷制, slavery) 아래서 인간은 물건 또는 짐승처럼 취급되었던 것이다. 이 때문에 노예는 매매 대상이었다.

중세 사회에서 '농노'라고 불렸던 계급에도 인권 개념은 적용되지 않았다. 이들에게는 자신의 의견을 자유롭게 말할 자유와 거주 이전의 자유도 허용되지 않았다. 농노는 신분상으로는 평민에 속했으나, 정치·경제·사회적으로 영주를 포함한 무사 계급에 예속된 상태였다. 이들은 영주가 통제하는 구역 안에서 각종 부역과 공납을 제공했다. 특히 전쟁에 패해 포로로 끌려가게 되면 이들의 경제 사회적 관계도 바뀌게 되어 곧바로 노예로 전락하였다. 다시 말하면 이들에게는 개인의 자유가 인정되지 않았으며 인권의 개념은 적용되기 어려웠다.

특히 농노에게는 '거주 이전의 자유'가 주어지지 않았다. 토지소유자인 영주에게 사실상 종속되어 이동의 자유를 박탈당해 왔던 농노는 영주의 땅을 벗어날 수 없었다. 영주가 전쟁을 치르거나 축성 등 대규모 토목 사업을 벌이게 되면 강제 노역에 동원되어야만 했다. 농노에게는 또한 직업 선택권이 없었으며 영주들이 지정한 직업을 수행해야 했다. 특히, 인력이 많이 필요할 수밖에 없는 중세 사회에서 농노는 인구 대부분을 차지했다.

중세 초기 유럽의 영주는 심지어 자신의 영지에서 보호받고 있는 농노의 딸에 대한 처녀성을 취할 수 있는 초야권(初夜權, Droit du seigneur〈프랑스어〉)까지 가지고 있었다. 유럽에서 영주들이 초야권을 가진다는 이 오래된 이야기는 실제로 인신 구속을 확인하는 세금 개념으로 볼 수도 있다. 농노는 하나의 생산 도구였기에 그 존재 자체가 징수 대상이었다고 해석해도 틀림이 없다. 이들에게는 오늘날 흔히 일컬어지는 사회권 은커녕 생존권조차 확보되기가 어려운 시대였다.

본래 인권은 자연법(自然法, natural law) 사상에 뿌리를 두고 있다. 자연법은 인위적인 가치에 대칭되는 자연히 존재하는 보편적·불변적 법칙이다. 정치적인 공동체, 즉 국가에서 인위적으로 만든 실정법과 대비된다. 국가의 인권 탄압에 맞서 개인이 싸울 때 주로 언급된 자연법 사상은 그 역사가 매우 깊다. 국가가 헌법과 법률(실정법)을 근거로 개인의 권리를 제한하면 개인은 자연법을 근거로 이에 대항한 것이다. 다시 말하면 프랑스 대혁명을 전후하여 널리 사용되기 시작한 '인권' 개념은 '자연권' 관념에 바탕을 두고 있다고 하겠다.

여성에게도 오늘에 이르기까지 인권 개념이 제대로 적용되지 않고 있는데, 특히 참정권을 기본적 인권 가운데 하나로 볼 때 더욱 그러하다. 민주주의가 가장 먼저 꽃피었다는 영국에서도 여성에게 참정권이 허용된 보통선거(universal suffrage)가 시행된 것은 1928년의 일이다. 고대 민주주의 발상지인 그리스 사회에서도 여성의 권리는 노예와 크게 다를 바 없었다.

개인의 양도할 수 없는 권리인 인권을 국가가 승인하기까지 국민 개개인은 수많은 투쟁과 희생의 대가를 치렀다. 이름 모를 수많은 사람들이 역사적 순간마다 투쟁하고 저항했다. 개인의 인권은 본질적으로 국가공권력과 대비되는 개념으로 발전·진화한 바, 인권의 확보 과정은 정치적 민주화 과정과 궤를 같이 해왔다.

마무리하자면 인류 역사에서 인권은 1215년의 대헌장(Magna Carta)

에서 명시적으로 등장한 뒤, 18세기 말 미국 독립과 프랑스 대혁명을 계기로 널리 강조되기 시작하였다. 프랑스 대혁명과 미국의 독립 이 두 사건을 1차 인권 혁명으로 부르기도 한다.

프랑스 대혁명을 계기로 '불가양', '천부인권'과 같은 자연권 개념이 정립되었으며, 특히 정치적 자유의 확대, 고문 폐지 등의 개념이 강조되었다. 1776년의 미국 독립선언문에서는 또한 생명권, 행복추구권, 저항권과 같은 인권 개념들이 본격적으로 등장했다. 2차 인권혁명은 제2차 세계대전 이후 제정된 '세계인권선언'을 계기로 시작되었다. 이후 사회의 영역마다 인권 선언 또는 헌장이 마련되면서 인권이 획기적으로 고양되고 있다.

좀 더 세부적으로 살펴보면, 인권의 개념은 프랑스 법학자 바삭(K. Vasak)의 분류에 따라 제1세대 인권(시민, 정치적 권리), 제2세대 인권(경제사회 문화적 권리), 제3세대 인권(연대권)으로 나누어 볼 수 있다. 제1세대 인권은 자유를 중심으로 천부인권을 강조한다. 시민권과 정치권이 대표적이며 생명권과 재산권까지도 포함한다. 제2세대 인권은 평등을 중심으로 실질적 평등을 추구하는 데 초점을 둔다. 적절한 의식주, 교육, 의료, 놀이(recreation) 등에 관한 권리다. 제3세대 인권은 연대와 인류애 중심이다. 자유와 평등에서 조금 더 발전한 권리로 지역·사회·국가에 적용된다. 연대는 결속을 의미하며 환경권은 혜택이나 피해가 매우 광범위하기에 많은 사람이 모여서 그러한 문제를 논의하고 해결해야 한다(안옥선, 2008 : 19-25).

현대 인권은 자유주의에 기초한 제1세대 인권, 사회주의에 입각한 제2세대 인권으로 나눠볼 수 있다. 두 가지 모두 인간의 자기 보존을 뒷받침하고 각자 행복 추구를 옹호한다는 점에서 취지가 같다고 볼 수 있다.

동아시아의 전통적 인륜(人倫)은 사람다움을 강조하고 공동체의 질서를 정립하고자 했다. 유교는 정치의 궁극적 과제를 인륜의 실현으로 규정했다. 그러면서도 유교에서는 정치의 우선적 과제를 복지 실현이라고 말한다. 유교는 복지를 누리는 삶과 인륜을 실현하는 삶을 분명히 구분하면서도 양자가 서로 밀접하게 연관된 것으로 파악했다.

근대 인권을 강조한 서양의 여러 철학자는 만인의 행복도를 높이기 위해 여러 정치 제도와 복지 제도를 구상했으나 많은 어려움이 뒤따랐다. 어쩌면 오늘날 개개인이 추구하는 자유라는 가치는 개인의 욕망을 줄이는 데서부터 출발한다고 볼 수 있다. 인간은 혼자 살 수 없고 유한한 자원을 두고 무한한 욕망을 추구하는 모순된 모습을 보인다. 극단적 이기주의와 쾌락의 추구는 결국 개개인 자신을 망친다. 이는 제도 차원에서 이루어진다기보다 나와 타인의 조화와 균형에서 찾아야 한다(이상익, 2015 : 488-492).

2. 대헌장(마그나카르타)의 탄생

대헌장(Magna Carta)은 1215년 6월 15일 영국의 존 왕(John, 1166년 11월 24일 ~ 1216년 10월 19일)이 귀족의 강요로 서명했던 국왕의 권리를 담은 문서다. 1216년, 1217년, 1225년, 1237년, 1297년에 개정된 다양한 버전이 존재한다. 존 왕은 1215년 마그나카르타에 서명한 직후에 이것을 거부하고자 교황 인노첸시오 3세(Innocentius PP. III, 1160년경 ~ 1216년)에게 청원했고, 교황은 1215년 8월 24일에 헌장이 무효라는 교서를 내렸다. 그러나 존 왕이 1216년 10월 19일에 사망하자 헨리 3세가 9세의 나이에 즉위했고 그 후견인인 귀족은 1216년 헨리 3세의 이름으로 수정판을 반포했다. 대헌장은 그 뒤 1217년과 1225년에 약간의 수정을 거듭해 재반포되었으며 1297년까지 이어졌다. 그러나 1215년 반포된 마그나카르타의 기본 정신은 크게 바뀌지 않았다.

초기부터 국왕의 압제에 항거하는 상징으로 인식되어온 대헌장은 초기부터 왕권과 의회가 대립할 때 왕의 전제에 대항하여 국민의 권리를 옹호하기 위한 근거로 활용되었다. 여기에는 교회의 자유, 봉건적 부담의 제한, 지방 관리의 직권 남용 방지 등 여러 규정이 포함되어 있다. 예를 들어, 제12조는 오래된 관습상 인정되어 온 것(관례로 굳어진 것) 외의 과세 또는 봉건 지원금은 귀족의 자문을 거치지 않으면 부과할 수 없도록 규정하고 있다. 제21조는 대귀족은 동료 귀족만이 처벌할 수 있도록 하고 있다. 제39조는 자유민은 동등한 신분을 가진 자에 따른 합법적 재판 또는 국법에 의하지 않고는 체포, 감금, 추방, 재산의 몰수 또는 어떠한 방식의 고통도 받지 않는다고 명시하고 있다.

당시의 사회적 상황에 비추어보면, 대헌장은 성직자, 왕, 귀족의 권리 보장에 초점이 맞추어졌다고 볼 수 있다. 마그나카르타의 탄생으로 국왕의 권한은 크게 줄어들었고 귀족의 권리는 늘어났으며 이것은 결국 의회의 탄생으로 이어졌다. 권리와 권한이 명시되었다는 점에서 후대 인권 논의에 시금석이 되었다는데 큰 의미가 있다.

대헌장에 담긴 정신은 잉글랜드의 권리청원(1628), 인신보호령(1679), 1787년 미국 연방헌법(Constitution of the United States)과 여러 주(州) 헌법 등에 반영되었고 1789년 프랑스 대혁명의 기본 바탕을 이루었다. 권리청원과 인신보호령 등은 대헌장 제39의 조항을 아래와 같이 그대로 인용하고 있다.

"모든 자유민은…… 동등한 자격을 갖는 사람들의 법률적 판단이나 국법에 의하지 않고는…… 구속되거나 재산의 몰수를 당하지 않는다"

마그나카르타는 왕과 귀족 사이의 세력 다툼으로 탄생했다. 왕과 귀족의 다툼은 역사적으로 동서양 어디서나 흔히 발생하는 일이다. 그런데 현대적 시각으로도 감탄할 정도의 자유권적 기본권을 포함하는 협약이 하필 13세기 초반 잉글랜드에서 만들어졌을까? 다음에서는 마그나카르타 협약이 탄생한 시대적 제약과 그 뒤 시대 발전에 적합하게 대상과 범위를 꾸준히 확대한 이유를 알아보고자 한다.

마그나카르타가 탄생한 원인은 기본적으로 영국 민족의 구성과 역사에서 찾아볼 수 있다. 그러나 직접적 원인은 당시 영국 왕실의 상대적 무능에서 비롯되었다. 영국 역사에서 뛰어난 인물들은 귀족층과 서민층에서 많이 배출되었다. 국왕은 그러나 결정적으로 폭군이면서 영토를 상실한 탓에 국민에 대한 영향력이 급격히 줄었다. 이러한 탓으로 청교도 혁명, 권리청원, 권리장전의 제정이 이어졌다. 국왕에 대한 영국 국민들의 불신과 경계가 이와 같은 일련의 사건으로 표출된 것이다. 당시 영국은 왕조가 자주 바뀌고 사위 쪽 집안이 모계 혈통을 이어받았다는 이유로, 국왕은 외국인 취급을 받았다. 게다가 영국 실정에 어둡고 영어를 잘하지 못하는 외국인 출신 국왕으로 인해 "국왕은 군림하되 통치하지 않는다."는 법원(法源)이 만들어지는 계기가 되었다.

영국인의 민족성은 추상적 원칙이 아니라 구체적 경험, 역사와 전통을 중시한다. 마그나카르타 내용 자체는 영국의 절대군주제 전통에서 불거져 나올 수 없었으나, 국민 다수가 지지한 까닭에 입헌군주제로 발전할 수 있었던 것이다. 왕과 귀족 사이에 갈등을 중재하고 마그나카르타의 원리를 만들었던 스티븐 랭턴(Stephen Langton), 에드워드 코크(Edward Coke), 윌리엄 블랙스톤(William Blackstone) 등의 현자들이 이 과정에서 커다란 역할을 했다(황한식, 2019 : 37-38).

3. 프랑스 대혁명과 인권선언

프랑스의 인권선언 즉 '인간과 시민의 권리선언(Déclaration des droits de l'Homme et du citoyen)'은 프랑스 대혁명 이후 제헌 국민의회에서 1789년 8월 26일에 채택되었다. 프랑스 인권선언은 자연법 사상의 영향을 받아 자유, 평등, 종교, 출판, 결사의 자유 등 인간의 천부적 권리는 장소와 시간을 초월해 보편적이라고 선언했다. 이 선언으로 인간의 기본권을 억압하던 로마 가톨릭교회 중심의 구체제(ancien régime)는 종지부를 찍었다.

    1789년 프랑스 인권선언에서 형법 관련 조항의 제정 배경이나 과정은 당시 '국민의회'의 논의 과정을 살펴보면 잘 알 수 있다. 1789년 6월 17일 일부 대의원들과 종교계 대표 의원들은 스스로 국민의회를 구성하고 6월 20일 '왕국의 헌법이 수립되고 확고해질 때까지' 절대 해산하지 않는다고 다짐했다. 이러한 과정을 거쳐 8월 26일 인간과 시민의 권리선언 및 이를 서문으로 한 헌법이 1791년 9월 3일 제정되었다. 인권선언 논의는 1791년 7월 9일부터 8월 19일까지 이어진 인권선언 자체에 대한 논의를 거쳐, 8월 20일부터 8월 26일까지 전개되었다. 인권선언문의 기초는 8월 12일 구성된 5인 위원회에 의해 주도되었는데, 그 위원회는 그동안 의회에 제출되었던 여러 안을 바탕으로 8월 17일 19개조 초안을 제시하였다. 그러나 이 초안은 불완전성을 이유로 폐기되었다. 그 대신 익명성, 간결성, 논쟁의 소지가 있을 법한 원칙이 포함되지 않은 초안이 채택되었다.

    그러나 '자의적 명령 금지'를 근거로 왕에게 맡겨진 사법권이 와해되는 결과가 초래됐고, 신체의 자유에 관한 규정이 인권선언에 널리 포함되는 결론이 도출됐다. 모든 형사피의자나 형사피고인은 유죄의 확정 판결을 선고받기 이전까지는 무죄로 추정되어야 한다는 원칙은 당시에도 새로운 내용이 아니었다. 이러한 원칙은 훨씬 오래전부터 형사절차의 기본원칙으로 인정되었다. 고소를 당한 사람이 무죄로 추정되기에 유죄의 입증은 고소한 사람의 역할이었다. 이는 증거가 확실하지 않으면 고소를 당한 사람에게 유리하다는 의미다. 이러한 전통에 입각해 합법적 증거, 객관적 증거가 강조되었고 인권선언은 이미 존재하던 무죄 추정의 원칙을 재확인한 것이다(변해철, 1997 :4-8).

프랑스 인권선언에서 가장 중요하게 언급된 부분은 바로 형사절차였는데 중세 법학자들은 법률에 근거 없이 범죄를 구성하는 법관의 권한에 대해 많은 문제를 제기한 것이다. 특히 베카리아(Beccaria)를 중심으로 범죄 행위의 정의와 그에 상응하는 형벌을 명확하게 규정해야 한다는 주장이 대두되었다. 정의해야 하는 범죄 행위가 무엇인지 특정하는 문제를 두고 철학적 논쟁이 벌어졌다.

형벌의 법정주의 확립은 법관의 자의적 판결에 대한 반작용이었다. 19세기 왕의 자의적인 행위와 비슷하게 사법부의 자의성도 엄청난 비난을 받았다. 계몽주의 사상이 유럽 사회에 널리 퍼지면서 모든 권력은 일단 의심받았고 법의 지배를 받아야 한다는 주장이 강력하게 제기되었다. 당시 법철학자들 사이에서는 형법은 법관에게 죄와 벌에 관한 정확한 목록을 제시하고 치유책도 확실하게 선택할 수 있도록 해야 한다는 논리가 전개된 것이었다. 극단적으로 재판관은 법률만을 따라야 한다는 내용이었는데, 이러한 사고가 1789년 인권선언에 영향을 미쳤다. '어느 법관도 임의대로 법률을 해석하거나 조문을 확대해석할 권리를 가질 수 없다.'는 형태로 합법성이 강조된 것이다(변해철, 1997 :8-12).

4. 1948년 유엔의 '세계인권선언'
(Universal Declaration of Human Rights)'

오늘날 인권 문제를 이해하기 위해서는 1946년 유엔인권위원회가 작성한 '인권장전 초안(Draft Outline of a Bill of Rights)'과 1948년 12월 10일 유엔 총회에서 채택된 '세계인권선언(Universal Declaration of Human Rights)', 그리고 1966년 '국제인권규약(A규약: International Covenant on Economic, Social and Cultural Rights: ICESCR 및 B규약: International Covenant on Civil and Political Rights: ICCPR)'을 살펴볼 필요가 있다. 이 세 가지 문건을 합쳐 '국제인권장전'으로 부르기도 한다.

인권장전 초안은 1946년 UN사무국이 만든 48개조로 된 초안을 말하며, 이에 의거하여 UN인권위원회의 작업이 시작되었다. 그 후 참가국 가운데 인권 장전에 법적 효력의 부여 여부를 둘러싸고 대립되는 두 가지 견해가 존재하였던 바, 도덕적 구속력만을 갖게 하는 선언은 1948년 세계인권선언(UDHR)으로, 그리고 법적 구속력을 갖는 조약은 1966년 2개의 국제인권규약으로 성립되었다.

1948년의 세계인권선언은 유엔총회에서 결의문 형식[1]으로 채택된 선언문(당시 유엔에 가입한 58개 국가 중 50개 국가가 찬성하여 채택)으로 조약이

---

1) 샌프란시스코회의 당시 창설된 인권심의회는 법적 구속력을 갖는 협약을 만들어 회원국들로부터 서명을 받기 어렵다는 점을 고려하여 상대적으로 동의를 얻기 쉬운 권고나 장려의 의미를 지닌 선언문을 만들기로 하였다.

뒷받침되지 않아 엄밀한 의미에서는 법적 구속력을 갖지 않으나[2], 많은 국제법률가들은 세계인권선언의 규범적 효력을 인정하고 있다. 우리나라의 헌법재판소는 1991년 7월 22일의 89헌가106 결정에 따라 "선언적인 의미가 있을 뿐 법적 구속력을 가진 것은 아니고", "모든 국민과 모든 나라가 달성하여야 할 공통의 기준"으로서의 의미가 있는 것으로 해석하고 있다.

한국은 1990년 '국제인권규약'에 가입함으로써 세계인권선언은 국내에서 실효성을 갖게 되었다. 다시 말하면 헌법 규정에 따라 국제법이 국내법과 동일한 효력을 갖게 된 것이다. 국제관습법도 세계인권선언이 오늘날 각국에서 법률과 같은 규범적 효력을 가지는 것으로 받아들이고 있다.

유엔의 세계인권선언은 나라별로 발전되어온 인권 기준을 국제적 차원에서 집대성한 것으로, 인간의 존엄과 권리에 대한 보편적 기준을 담고 있다. 유엔의 세계인권선언은 오늘날 사회권과 자유권 등 다양한 인권을 포괄하고 있으며, 이후 국제 사회는 유엔을 통해 사회권, 자유권, 인종차별, 고문, 여성차별, 아동, 이주노동자, 장애인, 강제실종 등 다양한 인권조약을 발전시켜왔다. 이러한 보편적인 권리들은 일반적으로 생명 권리, 적절한 삶의 수준을 보장받을 권리, 고문을 비롯한 부당

---

[2] 전통적인 국제법에서 개인은 특정 국가의 시민으로서만 고려의 대상이 되었고 개인은 그들이 속한 국가의 단순한 부속물에 불과하였다. 그러나 19세기 노예무역금지 조약, 노동자의 획일적 대우를 위한 ILO협약, 동유럽의 소수민족보호를 위한 조약들이 체결됨으로써, 국가와 개인 관계에 관한 새로운 관점이 대두·반영되고 있다.

한 처우에 대한 보호, 사상과 언론 및 표현의 자유, 이동의 자유, 자기결정의 권리, 교육에 관한 권리, 그리고 정치, 문화에 참여하고 향유할 권리 등을 포함한다.

제2차 세계대전 중 홀로코스트(Holocaust) 등 "인류의 양심에 공분을 일으키는..... 야만적인 행위"가 자행된 데 대한 대응으로 채택된 세계인권선언은 애초부터 사회권 등에 대한 여러 이슈를 포함하고 있지 않았다. 즉 세계인권선언은 5천만 명을 죽음에 이르게 한 제2차 세계대전의 참혹함과 인권침해의 심각성에 대한 반성으로 채택된 것이다.

그러나 국제연합(UN) 결성 당시 그 헌장에 '인권' 이슈를 포함할 것인지가 논쟁의 대상이 되었다. 일부 강대국들이 '인권' 조항 포함에 소극적이었기 때문이다. 국제연합(UN)의 당초 이름이 '열강연합(Associated Powers)'이었다는 사실은 이를 뒷받침해 준다. 결국 중소국들과 비정부국제기구, 즉 국제NGO들의 노력으로 유엔 헌장에 인권 조항이 삽입되고, 이후 세계인권선언이 채택되기에 이른 것이다.

1947년부터 시작된 세계인권선언의 기초 작업에는 여러 나라 대표가 참여하였다. 당초 유엔 내에 인권위원회를 만들자고 주장한 것은 칠레・레바논・중국[3]・이집트・인도・파나마・필리핀・우루과이 등의 중소국들이었다. 이들은 경제・사회・문화적 권리를 인권 목록에 포함하는 큰 성과를 올렸으며, 또한 여성의 권리를 격상시키는 데에도 큰 몫을 했다. 이들의 노력으로 세계인권선언이 18세기형 자연권과 확실히

---

[3] 여기서의 중국은 자유중국(장개석 정부)임

다른 새로운 인권헌장이 된 것이다.

　여기서 지적하고 싶은 점은 세계인권선언의 작성 과정에 각국 '정부' 대표들이 참여함으로써, 그리고 강대국의 영향력이 작용하게 됨으로써, '국가 공권력'에 의한 인권 침해와 '약소국 이슈' 등이 상대적으로 소홀하게 다루어질 수밖에 없는 한계를 지니게 되었다는 점이다. 다른 관점에서 보자면, 오늘날 세계 각국에서 정통적 인권 이슈 즉 '국가 공권력'에 의한 인권 침해보다 사회적·경제적 인권 이슈가 상대적으로 더 부각된 것은, 세계인권선언 채택 과정에서의 이러한 배경 때문이라고 할 수 있을 것이다.

　1996년의 국제인권규약은 동년 12월 16일 제21차 국제 연합 총회에서 인권의 국제적 보장을 위하여 채택된 조약을 말한다. '경제적·사회적·문화적 권리에 관한 A 규약'과 '시민적·정치적 권리에 관한 B 규약'으로 이루어져 있다. 1948년의 세계인권선언이 개인과 국가가 달성해야 할 공통의 기준으로서 채택되어 도의적인 구속력은 지녔으나 법적 구속력이 없었던 것에 반해, 국제 인권 규약은 조약으로서, 체약국을 법적으로 구속하는 특징을 지닌다.

　A 규약은 이른바 '생존권적 기본권'을 대상으로 노동 기본권·사회 보장권·생활 향상·교육권 등을 규정하고 있으며, B 규약은 '자유권적 기본권'의 존재를 전제로 하여, 그 실시를 위해 인권 심사 위원회 및 특별 조정 위원회를 설치할 것과 의정서 참가국에 대해서는 개인이 인권 심사위원회에 직접 청원할 수 있도록 하였다.

　국제연합의 세계인권선언 이후 인권 이슈는 여성뿐만 아니라 아동, 장애인, 종교적 소수자, 성적 소수자, 소수 민족, 이주 노동자들의 문제 등으로까지 확산하고 있다. 인간 사회에 오랫동안 뿌리박혀 내려온 여성에 대한 제도적 차별은 19세기 이후 여성의 참정권이 보편적으로 인정된 이래 여러 나라에서 공식적으로 사라졌으나, '유리 천장(glass ceiling)'[4] 등 비공식적·관례적인 성차별은 쉽게 사라지지 않고 있다.

'유엔 아동의 권리에 관한 협약'에 의하면 어린이를 주체로 보고 그들의 의견에 귀 기울일 것을 처방하고 있다. 그러나 여러 사회의 어른들은 여전히 어린이들을 독립된 인격체로 대하지 않고 있다. '학생인권조례'에 대한 우리 사회 구성원들의 엇갈린 의견들도 그 가운데 하나다. 이처럼 이상적·이념적으로 생각하는 '인권 수준'과 '현실' 사이의 괴리는 여러 사회에서 적지 않은 논란을 불러일으키고 있다.

세계인권선언 전문(1948.12.10.)	
제1조	모든 사람은 자유로운 존재로 태어났고, 똑같은 존엄과 권리를 가진다. 사람은 이성과 양심을 타고났으므로 서로를 형제애의 정신으로 대해야 한다.
제2조	모든 사람은 인종, 피부색, 성, 언어, 종교, 정치적 견해 또는 그 밖의 견해, 출신 민족 또는 사회적 신분, 재산의 많고 적음, 출생 또는 그 밖의 지위에 따른 그 어떤 구분도 없이, 이 선언에 나와 있는 모든 권리와 자유를 누릴 자격이 있다. 더 나아가, 어떤 사람이 속한 곳이 독립국이든, 신탁통치령이든, 비 자치령이든, 그 밖의 어떤 주권상의 제약을 받는 지역이든 상관없이, 그곳의 정치적 지위나 사법관할권상의 지위 혹은 국제적 지위를 근거로 사람을 구분해서는 절대로 안 된다.

---

4) 유리 천장(琉璃 天障)은 능력을 갖춘 사람이라 하더라도 조직 내 성 차별이나 인종 차별 등으로 인해 고위직으로 승진하지 못하는 현상을 일컫는 말이다.

제3조	모든 사람은 생명을 가질 권리, 자유를 누릴 권리, 그리고 자기 몸의 안전을 지킬 권리가 있다.
제4조	어느 누구도 노예가 되거나 타인에게 예속된 상태에 놓여서는 안 된다. 노예제도와 노예매매는 어떤 형태로든 일절 금지된다.
제5조	어느 누구도 고문, 또는 잔인하고 비인도적이거나 모욕적인 처우 또는 처벌을 받아서는 안 된다.
제6조	모든 사람은 그 어디에서건 법 앞에서 다른 사람과 똑같이 한 인간으로 인정받을 권리가 있다.
제7조	모든 사람은 법 앞에서 평등하며, 어떤 차별도 없이 똑같이 법의 보호를 받을 자격이 있다. 모든 사람은 이 선언에 위배되는 그 어떤 차별에 대해서도, 그리고 그러한 차별에 대한 그 어떤 선동 행위에 대해서도 똑같은 보호를 받을 자격이 있다.
제8조	모든 사람은 헌법 또는 법률이 보장하는 기본권을 침해당했을 때 해당국가의 법정에서 적절하게 구제받을 권리가 있다.
제9조	어느 누구도 함부로 체포 또는 구금되거나 해외로 추방되어서는 안 된다.
제10조	모든 사람은 자신의 권리와 의무가 무엇인지를 가려내고, 자신에게 가해진 범죄혐의에 대해 심판받을 때, 독립적이고 불편부당한 법정에서 다른 사람과 똑같이 공정하고 공개적인 재판을 받을 자격이 있다.
제11조	형사상 범죄 혐의로 기소당한 사람은 누구나 자신의 변호를 위해 필요한 모든 법적 보장이 되어 있는 공개재판에서 법에 따라 정식으로 유죄 판결이 나기 전까지 무죄로 추정받을 권리가 있다.
	어떤 사람이 이전에 국내법 또는 국제법상 범죄가 아니었던 일을 행하거나 행하지 않았던 것을 두고 그 후에 유죄로 판결해서는 안 된다. 또한 범죄를 저지른 당시에 부과할 수 있었던 처벌보다 더 무거운 처벌을 그 후에 부과해서도 안 된다.
제12조	어느 누구도 자신의 사생활, 가족관계, 가정, 또는 타인과의 연락에 대해 외부의 자의적인 간섭을 받지 않으며, 자신의 명예와 평판에 대해 침해를 받지 않는다. 모든 사람은 그러한 간섭과 침해에 대해 법의 보호를 받을 권리가 있다.
제13조	모든 사람은 자기 나라 내에서 어디든 갈 수 있고, 어디에서나 살 수 있는 자유를 누릴 권리가 있다.
	모든 사람은 자기나라를 포함한 어떤 나라로부터도 출국할 권리가 있으며, 또한 자기나라로 다시 돌아올 권리가 있다.

제14조	모든 사람은 박해를 피해 다른 나라에서 피난처를 구할 권리와 그것을 누릴 권리를 가진다.
	그러나 이 권리는 순수하게 비정치적인 범죄로 제기된 법적 소추, 또는 유엔의 목적과 원칙에 위배되는 행위로 제기된 법적 소추의 경우에는 적용되지 않는다.
제15조	모든 사람은 국적을 가질 권리가 있다.
	어느 누구도 함부로 자신의 국적을 빼앗기지 않으며, 또한 자신의 국적을 바꿀 권리를 부정당하지 않는다.
제16조	성인이 된 남녀는 인종이나 국적, 종교에 따른 어떠한 제약도 받지 않고, 결혼할 수 있는 권리 그리고 가정을 이룰 권리가 있다. 남성과 여성은 결혼 시, 결혼 중, 그리고 이혼 시에 서로 똑같은 권리를 가진다.
	결혼은 오직 배우자가 되려는 당사자 간의 자유롭고 완전한 합의에 의해서만 유효하다.
	가정은 사회의 자연적이고 기초적인 구성단위이므로 사회와 국가의 보호를 받을 자격이 있다.
제17조	모든 사람은 다른 사람들과 공동으로 그리고 단독으로 재산을 소유할 권리가 있다.
	어느 누구도 자기 재산을 함부로 빼앗기지 않는다.
제18조	모든 사람은 사상의 자유, 양심의 자유, 그리고 종교의 자유를 누릴 권리가 있다. 이러한 권리에는 자신의 종교 또는 신앙을 바꿀 자유도 포함된다. 또한 이러한 권리에는 혼자 또는 다른 사람들과 함께, 공개적으로 또는 사적으로, 자신의 종교나 신앙을 가르치고 실천하고 예배드리고 엄수할 자유가 포함된다.
제19조	모든 사람은 의사표현의 자유를 누릴 권리가 있다. 이 권리에는 간섭받지 않고 자기 의견을 지닐 수 있는 자유와 모든 매체를 통하여 국경과 상관없이 정보와 사상을 구하고 받아들이고 전파할 수 있는 자유가 포함된다.
제20조	모든 사람은 평화적 집회와 결사의 자유를 누릴 권리가 있다.
	어느 누구도 어떤 모임에 소속될 것을 강요당해서는 안 된다.
제21조	모든 사람은 자기가 직접 참여하든 또는 자유롭게 선출된 대표를 통해서 간접적으로 참여하든 간에, 자기나라의 국정에 참여할 권리가 있다.
	모든 사람은 자기나라의 공직을 맡을 평등한 권리가 있다.
	인민의 의지가 정부 권위의 토대를 이룬다. 인민의 의지는, 주기적으로 시행되는 진정한 선거를 통해 표출된다. 이러한 선거는 보통선거와 평등선거로 이루어지고, 비밀투표 또는 비밀투표에 해당하는 자유로운 투표 절차에 따라 시행된다.

제22조	모든 사람은 사회의 구성원으로서 사회보장을 받을 권리가 있다. 또한 모든 사람은, 국가의 자체적인 노력과 국제적인 협력을 통해, 그리고 각국이 조직된 방식과 보유한 자원의 형편에 맞춰 자신의 존엄성과 인격의 자유로운 발전에 반드시 필요한 경제적·사회적·문화적 권리를 실현할 자격이 있다
제23조	모든 사람은 노동할 권리, 자유롭게 직업을 선택할 권리, 공정하고 유리한 조건으로 일할 권리, 그리고 실업상태에 놓였을 때 보호받을 권리가 있다.
	모든 사람은 어떠한 차별도 받지 않고 동일한 노동에 대해서 동일한 보수를 받을 권리가 있다.
	모든 노동자는 자신과 그 가족이 인간적으로 존엄을 지키고 살아갈 수 있도록 정당하고 유리한 보수를 받을 권리가 있다. 또한 이러한 보수가 부족할 때에는 필요하다면 여타 사회보호 수단을 통한 부조를 제공받을 권리가 있다.
	모든 사람은 자신의 이익을 지키기 위해 노동조합을 결성하고 그것에 가입할 권리가 있다.
제24조	모든 사람은 휴식을 취하고 여가를 누릴 권리가 있다. 이러한 권리에는 노동시간을 적절한 수준으로 단축할 수 있는 권리 그리고 정기적인 유급 휴가를 받을 권리가 포함된다.
제25조	모든 사람은 자신과 가족의 건강과 안녕에 적합한 생활수준을 누릴 권리가 있다. 이러한 권리에는 음식, 입을 옷, 주거, 의료, 그리고 생활에 필요한 사회서비스 등을 누릴 권리가 포함된다. 또한 실업상태에 놓였거나, 질병에 걸렸거나, 장애가 있거나, 배우자와 사별했거나, 나이가 많이 들었거나, 그 밖에 자신의 힘으로 어찌할 수 없는 형편이 되어 생계가 곤란해진 모든 사람은 사회나 국가로부터 보호를 받을 권리가 있다.
	자식이 딸린 어머니 그리고 어린이·청소년은 사회로부터 특별한 보살핌과 도움을 받을 자격이 있다. 모든 어린이·청소년은 그 부모가 결혼한 상태에서 태어났건 아니건 간에 똑같은 보호를 받는다.
제26조	모든 사람은 교육받을 권리가 있다. 적어도 초등교육과 기본교육 단계에서는 무상교육을 시행해야 한다. 초등교육은 의무적으로 실시해야 한다. 보통 사람들이 큰 어려움 없이 기술교육과 직업교육을 받을 수 있어야 하며, 고등교육은 오직 학업능력으로만 판단하여 모든 사람에게 똑같이 개방되어야 한다.
	교육은 인격을 온전하게 발달시키고, 인권과 기본적 자유를 더욱 존중할 수 있도록 그 방향을 맞춰야 한다. 교육은 모든 국가, 모든 인종집단 또는 모든 종교집단이 서로 이해하고 서로 관용하며 친선을 도모할 수 있게 해야 하고, 평화를 유지하기 위한 유엔의 활동을 촉진해야 한다.
	부모는 자녀가 어떤 교육을 받을지를 우선 선택할 권리가 있다.

제27조	모든 사람은 자기가 속한 공동체의 문화생활에 자유롭게 참여할 권리, 예술을 즐길 권리, 학문적 진보와 그 혜택을 함께 누릴 권리가 있다.
	모든 사람은 자신이 만들어낸 모든 학문, 문예, 예술의 창작물에서 생기는 정신적·물질적 이익을 보호받을 권리가 있다.
제28조	모든 사람은 이 선언에 나와 있는 권리와 자유가 온전히 실현될 수 있는 사회체제 및 국제체제에서 살아갈 자격이 있다.
제29조	모든 사람은 자신이 속한 공동체에 대하여 의무를 진다. 어떤 사람이든 그러한 공동체를 통해서만 자신의 인격을 자유롭고 온전하게 발전시킬 수 있기 때문이다.
	모든 사람이 자신의 권리와 자유를 온전하게 행사할 수 있지만, 다음과 같은 경우에는 예외적으로 그러한 권리와 자유가 제한될 수 있다. 즉, 타인에게도 나와 똑같은 권리와 자유가 있다는 사실을 인정하고 존중해 주기 위해 제정된 법률에 의해서, 그리고 민주사회의 도덕률과 공중질서, 사회전체의 복리를 위해 정당하게 요구되는 사안을 충족시키기 위해 제정된 법률에 의해서는 제한될 수 있다.
	그 어떤 경우에도 이러한 권리와 자유를 유엔의 목적과 원칙에 어긋나게 행사해서는 안 된다.
제30조	이 선언에 나와 있는 어떤 내용도 다음과 같이 해석해서는 안 된다. 즉, 어떤 국가, 집단 또는 개인이 이 선언에 나와 있는 그 어떤 권리와 자유라도 파괴하기 위한 활동에 가담할 권리가 있다고 암시하거나, 그러한 행동을 할 권리가 있다는 식으로 해석해서는 절대로 안 된다.

CHAPTER 2

한국 사회에서의 인권 운동의 전개 과정

1. 한국에서의 인권 이슈의 흐름

　　근대적 의미의 인권은 일제강점기를 거쳐 한국 전쟁을 겪기까지 한국 사회에서 그 싹을 찾아볼 수 없었다. 일제강점기는 그렇다 하더라도, 6.25 전쟁 시기에는 '전쟁' 수행이라는 특수한 여건에서 '인권'이라는 개념 자체가 착상조차 될 수 없었다. 이념에 따른 무차별 학살이나 '보도연맹' 사건에서 알 수 있듯 인권은 국가 권력에 의해 참혹하게 유린되었다.

한국 사회에서 인권 개념은 4·19 혁명 이후 헌법에서 유보되었던 일부 기본권이 제도적으로 보장되면서 대두되기 시작하였다. 특히 4·19 혁명을 겪으면서 정부와 언론은 인권 개념을 들고나오기 시작했는데, 일부 사회구성원들은 무엇보다 인권의 이름으로 억울함을 호소하고 생존권을 주장하기 시작한 것이다. 국가가 독점한 인권 개념을 개인 관점에서 바라본 것이다.

다른 말로 하면, 다소 추상적이고 모호한 민주주의와 인권 개념이 대두하기 시작한 것이다(이정은, 2009 : 129). 4·19 혁명 시기에 인권은 누구도 그것을 명확하게 이해할 수 없었지만 먹고 사는 문제를 해결해주고 억울함을 풀어줄 수 있는 정의(justice)에 관한 이야기로 국민에게 점차 알려지게 되었다. 당시 인권이나 민주주의는 일종의 추상적 구호였던 바, 어느 누구도 그 개념을 치밀하게 정의하여 갖고 있지 못했다.

그렇지만 4·19 혁명은 개인의 권리와 저항 및 인권 개념에 대한 사회구성원들의 인식을 새롭게 일깨우는 계기가 되었다고 할 수 있다(이정은, 2009 : 151-152). 대한민국 헌법은 국가 권력의 자의적 행사로부터 국민의 신체의 자유를 보호하는데 다양한 법원칙과 절차를 규정하고 있다. 헌법에 나타난 여러 조항에서 신체의 자유, 적법절차의 원리 등이 뚜렷이 명시되어 있다.

국가 형벌권의 자의적 행사에서 벗어나려는 인류의 노력은 시대에 따라 매우 다양하게 이루어졌다. 1789년 프랑스의 '인간과 시민의 권리선언'은 당시의 시대적 상황에서 인간이 인간답게 살아가는데 필요한 필수 불가결한 자유와 권리가 무엇인지를 일깨워 주었다. 다른 말로 하자면, 근대적 인권의 의미를 제시했다고 하겠다. 특히, 당시에 인간과 시민의 신체의 자유보장에 관한 형법의 일반 원칙이 정립되었다고 하겠다.

무엇보다 두드러진 특징은 인권선언을 통해 형법과 관련된 기본 원칙과 내용이 정립되고 권력분립의 원칙까지 천명됨으로써, 다른 국가권력으로부터 사법권 독립의 당위성을 확보하게 되었다는 점이다(변해철, 1997 : 1-3).

그러나 인권의 정교한 정의(定義) 시도에도 불구하고 여전히 한국 사회의 인권 현실은 정치적 이념 차이에 따라 충돌이 빈번하게 나타나고 있었다. 이미 1985년 한국 국회에서는 관련 법안의 유보 조항에 대한 합의가 이루어지지 않아 회기 만료로 자동 폐기된 경험이 있었다. 그럼에도 불구하고 사회적 숙의 과정 없이 국제인권조약에 대한 즉각적인 가입 방침을 정치적으로 선언하는 것으로 인권 문제를 다루었다.

정부는 1988년 국제 인권조약 가입을 목표로 삼아 국내법 개정 방향을 검토한다고 선언했다. 해방 후 국내외로부터 민주화 압력에 직면해 왔던 한국 정부는 사회적 논의와 합의보다 국제기구로부터 승인과 홍보에 목표를 두고 인권 논의를 시작했다. 이와는 별개로 인권 담론과 인권에 대한 정치·사회적 요구는 치열했다(이선향, 2015).

한국 사회에서의 인권 논의는 과거 권위주의 정치 체제가 여전히 강조한 선언적 의미로 제시되었다. 현실적인 인권 문제의 한계를 해결하지 못한 채, 한국 정부는 1990년 4월 국제인권규약의 가입서를 제출하고 국제인권규약에 가입하였다. 그렇지만 가입 당사국에 구체적인 의무를 부과하는 조항이 있었기에 형사소송법과 민법 등의 국내법 개정이 필요했다. 국제조약은 법률과 같은 효력을 갖기에, 조약 가입과 공포 후에는 국제인권조약에 저촉되는 국내법은 효력을 잃게 되는 상황이 발생하기 때문에 쉽지 않은 문제였다.

1993년 비엔나에서 열린 세계인권회의(World Conference on Human Rights)는 냉전 체제 붕괴와 같은 세계 질서 변동에 따라 개최된 국제회의였고 인권에 집중했다는 점에서 주목을 받았다. 이 회의는 국가마다 종합적인 국가인권정책 수립을 권고했으며 사회적 약자와 소수자의 인권 증진과 사회 전반적인 기반 구축 등을 강조했다. 그런데 당시 한국 정부는 국제규약에 가입하고 위로부터 시작된 인권 논의에 몰두했다.

국제조약 가입 후 약 10년 만에 김대중 행정부는 국내 인권기구의 제도화를 본격적으로 시도, 2001년 국가인권위원회 출범과 국가인권위원회법 제정으로 정치적 맥락을 형성했다. 국가인권위원회는 2004년 세계 120여 개 국가의 인권기구 연합체인 국가인권기구 국제조정위원회에 가입, 첫해에 A등급을 받았고 2007년 부의장국의 지위를 획득했다. 2007년 노무현 행정부는 제1차 국가인권정책 기본계획(National Action Plan)의 수립으로 인권 거버넌스 기틀을 마련하고 이명박 행정부와 박근혜 행정부도 이러한 기조를 계속 유지했다.

국제적 흐름에 비추어볼 때 현재 한국 사회에서 인권은 많은 사람들이 어느 정도 알 것 같으면서도 혼란을 겪는 개념이라고 해도 과언이 아니다. 기본적으로 사회현상에 대한 근본 논쟁의 하나는 제도가 문제인지 아니면 문화가 중요한지와 관련되어 있다. 제도와 문화가 상호보완 관계이면서 다른 한편으로 상호 모순을 주고받는 관계이기 때문이다. 문화가 뒷받침되지 못한 제도는 통제 도구로 작동할 수 있고 제도가 모호한 문화는 사회에 정착되지 못한 채 지속성과 일관성을 유지하기 어렵다. 이러한 시각에서 한국의 인권 흐름은 과도기를 지나고 있으며 영역마다 그 맥락과 진척도의 차이가 있다고 하겠다.

2. 국제앰네스티의 활약

국제앰네스티(Amnesty International)는 1961년 영국의 피터 베넨슨 변호사가 시작한 국제적인 민간 인권운동단체로, 오늘날 세계 최대의 인권단체로 평가받고 있다. 국제앰네스티는 2018년 현재 한국을 포함한 150여개 나라에 80여 지부와 110여 이상의 지역사무실을 두고 있다. 국제앰네스티 한국 지부는 국제연합(UN) 산하나 그와 유사한 다국적 정부 기구 아래의 단체가 아닌 민간단체다. 국제앰네스티는 당초 '양심수의 사면'을 위해 출발한 단체로 '국제사면위원회'라는 명칭에 어울리는 역할을 수행했으나, 이후 그 성격이 포괄적 인권 향상을 지향하는 기구로 진화되었다.

국제앰네스티는 오늘날 집회시위의 자유, LGBTI(Lesbian, Gay, Bisexual, Transgender/Transsexual and Intersexed)의 인권 신장, 고문 방지, 분쟁 지역의 민간인 보호, 여성 보호, 난민/이주민 보호, 안보와 감시, 기업 책무 등의 활동을 수행한다. 즉 평화적 집회 시위를 인권의 기본

요소로 보고 이의 신장을 위해 노력하며, LGBTI에 대한 폭력과 차별을 방지하고, 일체의 고문을 국제법상 불법으로 규정하여 이의 방지를 위한 활동을 수행하며, 분쟁 지역의 민간인들을 보호하기 위한 다양한 활동을 벌인다.

그리고 국제앰네스티는 정치적·경제적·사회적·문화적 분야 등 모든 분야에서 성차별이 있어서는 아니 된다는 신조에서 여성의 인권 향상을 위해 노력하며, 모든 사람은 전쟁과 고문, 폭력을 피해 다른 나라에서 피난처를 구하고 보호받을 권리가 있다는 차원에서 난민과 이주민의 인권 보호를 위한 활동을 벌이고 있다. 또한, 국가안보는 세계인권선언에 명시된 어떤 개인의 권리에도 우선할 수 없다는 신조에서 국가안보의 이름으로 인권이 침해되는 상황이 없도록 감시하고, 나아가 기업 활동에서 발생할 수 있는 인권 침해를 예방하고 해결하기 위해 노력한다.

국제앰네스티는 매년 세계 각국의 인권 상황을 보고하는 보고서를 발표하는데, '2017/18 연례 인권보고서'에서는 2017년을 "악마화 정치의 쓰라린 결과를 경험한 한 해"라고 지적하면서, 그중에서도 최악의 상황은 미얀마가 로힝야족을 상대로 벌인 끔찍한 인종 학살 군사작전이라고 고발했다. 국제앰네스티는 이어 세계 각국의 정치 지도자들이 '정체성'을 근거로 특정 집단을 악마화하는 경향이 있다고 지적하면서, 프랑스·독일·네덜란드·오스트리아 등의 근년 선거에서 제노포비아(Xenophobia, 외국인 혐오), 반(反)이민, 반(反)무슬림 전략이 악용되었다고 비판했다. 국제앰네스티는 이어 미국의 트럼프 대통령이 인구 다수가 무슬림인 일부 국가의 국적자를 모두 입국 금지시킨 조치는 명백한 혐오의 정치라고 지적한 바 있다.

국제앰네스티는 또한 조선민주주의인민공화국(북한)의 정치범 수용소에 12만 명에 달하는 사람들이 수감되어 강제노동과 고문, 부당대우를 당하는 등 중대한 인권침해가 계속되고 있다고 비판하면서, 이들은 국제법상의 형사범죄로 유죄 판결을 받은 것이 아니라 국가에 위협이 된다고 간주되거나 그 '연좌제'의 적용을 받는 등 수감된 사람들이라고 주장했다. 한편 2015/16년 연례보고서에서 '한국의 인권 상황이 나아진 것이 없다.'고 지적한 국제앰네스티는 한국의 인권 상황에 대해 "정부가 표현과 결사의 자유, 평화로운 집회 시위의 자유를 계속 제약했다."고 지적했다. 특히 표현의 자유를 행사한 사람들을 위협하고 구속하기 위한 방편으로 국가보안법을 적용한 구금과 기소, 물대포 사용 등 시위 강제진압의 문제점 등을 비판했다.

다른 한편 국제앰네스티 활동에 대한 비판도 없지 않은바, 앰네스티의 활동 대부분이 제3세계에 집중되어 있고 선진국의 인권침해에는 소극적이라는 점이 많이 지적되고 있다. 특히, 국제앰네스티가 선진국의 기득권을 자극할 수 있는 급진적인 정치적 주장은 잘 하지 않는다는 비판들이 많이 제기된다. 국제앰네스티는 또한 2015년 8월 11일 "성매매를 처벌하지 말자"고 공식적으로 결의해 일부 여성 단체의 빈축을 사기도 했다.

3. 한국의 국가인권위원회 설치

한국의 국가인권위원회(National Human Rights Commission of Korea)는, 인권보호 즉 개인의 존엄과 가치를 구현하고 민주적 기본질서 확립을 위해, 2001년 11월 26일 출범한 준사법적·독립적 국가기관이다. 유엔은 한국 정부에 대해 1946년 국가인권기구 설립을 권장하였다. 1993년 유엔 총회에서「국가인권기구 지위에 관한 원칙(파리원칙)」이 채택되면서 국가인권기구 설립에 관한 국제 사회의 보편적인 기본 준칙이 되었다. 국가인권위원회의 주된 근거는「국제인권법」으로, 국가인권위원회는「대한민국 헌법」과「국제인권조약」에 규정된 모든 사람의 인권과 자유를 보호하고 향상시키는 업무를 수행하는 이중적이고도 특수한 성격을 지닌 독립 국가기관이다.

국가인권위원회는 인권침해 행위와 평등권을 침해하는 차별 행위에 대해 조사하고 구제하는 것을 주 업무로 하는데, 특히 국가권력이 저지르는 각종 인권침해 행위에 대한 구제에 중점을 두고 있다. 여기서 평등권을 침해하는 차별 행위란, 합리적인 이유 없이 성별, 종교, 장애, 나이, 사회적 신분, 출신 지역, 출신 국가, 출신 민족, 용모 등 신체조건, 혼인여부, 임신 또는 출산, 가족상황, 인종, 피부색, 사상 또는 정치적 의견, 형(刑)의 효력이 실효된 전과, 성적 지향, 병력을 이유로 고용이나 교육 등 일상생활에서 특정한 사람을 우대·배제·구별하거나 불리하게 대우하는 행위를 말한다. 국가인권위에는 국가기관의 인권침해행위에 대한 진정에서부터 장애인 차별, 외국인 노동자 학대, 동성애자 차별 등 각종 차별 행위에 대한 시정 요구에 이르기까지 다양한 진정이 접수되고 있다.

2018년도 국가인권위원회에 접수된 진정 사건의 내용과 처리 현황은 다음과 같다.

〈2018년도 국가인권위원회에 접수된 진정 사건의 내용과 처리 현황〉

(단위 : 건, %)

구분	접수(A)	처리 내역													처리율(B/A)
		합계(B)	수사의뢰	조정	권고	고발	징계권고	긴급구제	합의종결	조사중해결	각하	이송	기각	조사중지	
전체	9,274	10,174	3	7	539	3	7	1	141	913	5,746	78	2,721	15	109.7
침해	7,093	7,715	–	–	204	3	5	–	124	334	4,705	76	2,249	15	108.8
차별	2,156	2,436	3	7	335	–	2	1	17	579	1,018	2	472	–	112.9
기타	25	23	–	–	–	–	–	–	–	–	23	–	–	–	92.0

자료출처: 국가인권위원회 인권통계자료(https://www.humanrights.go.kr/site/program/board/basicboard/view?currentpage=2&menuid=001003004&pagesize=10&boardtypeid=20&boardid=7603704)

국가인권위원회의 기능을 좀 더 구체적으로 살펴보자면 준국제·준사법적 인권전담기구로서의 국가인권위원회는 정책, 조사·구제, 교육·홍보, 국내외 협력 등의 업무를 담당한다. 국가인권위원회의 구체적 기능은 다음과 같다.

> 첫째, 국가인권위원회는 인권의 보호와 향상을 위하여 필요한 인권관련 법령·정책·관행을 조사하고 연구하여 개선권고 또는 의견표명을 한다. 또한 국가인권위원회는 국제인권조약 가입과 조약의 국내이행에 대한 연구, 권고 등 업무를 수행한다.
>
> 둘째, 국가인권위원회는 대한민국 국민이나 대한민국 영역 안에 있는 외국인이 당한 인권침해나 차별행위를 조사·구제하는 업무를 수행한다. 차별행위는 국가기관 등은 물론 법인·단체 또는 개인에 의해 합리적인 이유 없이 성별, 장애, 종교 나이 등을 이유로 고용, 재화·용역의 공급이용, 교육시설 이용과 관련하여 차별하는 행위를 말한다.
>
> 셋째, 국가인권위원회는 모든 사람의 인권의식을 깨우치고 인권의식을 향상하기 위한 교육·홍보 활동을 수행한다.
>
> 넷째, 국가인권위원회 인권단체와 기관, 인권관련 국제기구 및 외국 인권기구 등과의 교류협력을 통해 인권보호와 향상에 기여하기 위한 활동을 수행한다.

4. 유엔의 세계인권선언, 국제앰네스티 및 국가인권위원회 활동의 한계와 기여

1948년 유엔의 세계인권선언, 국제앰네스티 활동 및 한국의 국가인권위원회 활동 등에 대해서는 다양한 평가가 가해진다.

먼저 긍정적인 평가를 찾아볼 수 있다. 세계인권선언, 국제앰네스티 활동 그리고 국가인권위원회 활동 등이 여러 사회의 인권 제고에 크게 기여하였다는 긍정적인 평가를 받는다. 그러나 다른 한편 이러한 국내외 인권 기구들은 정작 핵심적인 과제는 회피하면서 주변 이슈로 관심을 돌린다는 부정적 평가를 받기도 한다. 특히 1947년부터 시작된 유엔의 세계인권선언 초안 작성 과정을 문제 삼는다. 당시 이 회의에는 강대국의 영향력이 크게 작용함으로써, '국가 공권력'에 의한 인권 침해와 '약소국 이슈' 등이 상대적으로 소홀하게 다루어질 수밖에 없는 한계를 지니게 되었다는 점을 지적한다.

물론 이 회의에 다수 참여한 중소국 대표들이 경제·사회·문화적 여러 권리들을 인권 목록에 포함시키고 여성의 권리를 격상시키는 데 크게 기여한 것은 사실이다. 그러나 특히 세계 각국의 정통적 인권 이슈 즉 '국가 공권력'에 의한 인권 침해보다 사회적·경제적 인권 이슈가 상대적으로 더 부각된 점, 그리고 중소국에 대한 강대국의 인권 침해 사실이 묻혀지게 된 점을 지적하는 논자들이 적지 않다. 제2차 세계대전이 끝난 뒤 구상된 국제연합(유엔)의 당초 이름이 '열강연합'이었다는 사실은 많은 것을 시사해 준다.

앞서 지적하였듯이 국제앰네스티 활동에 대한 비판도 없지 않은 바, 국제앰네스티 활동의 대부분이 제3세계에 집중되어 있고 선진국의 인권침해에는 소극적이라는 점이 지적되고 있다. 특히, 국제앰네스티가 선진국의 기득권을 자극할 수 있는 급진적인 정치적 주장은 잘 하지 않는다는 비판들이 많이 제기된다.

다른 한편 국가인권위원회 활동에 대해서도 부정적 평가가 적지 않았다. 지금은 그렇지 않지만 특히 초기 활동이 정통적인 인권 이슈보다는 지엽적 문제를 붙들고 씨름했다는 부정적 평가를 받은 것은 사실이다. 그러나 오늘날에도 국가인권위원회의 활동이 지나치게 많은 이슈로 초점을 분산시키고, 이른바 조국 사태에 대한 청와대와 국가인권위원회의 공문 반송 사태에서 보듯이, 지나치게 정치화되고 있다는 비판에 직

면하고 있다.[1]

결론적으로 말해 어쨌든 국내외 인권기구들이 전반적인 인권 향상에 크게 기여한 것이 사실이다. 그리고 한 사회의 인권 수준은 정치·경제·사회적 민주화와 궤를 같이하고 있다고 하겠다.

---

1) 동아일보(2020. 1. 16) 인권위 "조국 청원 2번째 공문 靑 착오로 보내 반송"…의문 여전

CHAPTER 3

한국 사회에서 다양하게 확산되는 인권 이슈

1. 갑질 행태와 미투 고발

    2018년 한국 사회는 다양한 '갑질 행태'와 미투(Me Too) 고발로 시끄러웠다. 당초 갑질 논란은 한진그룹의 조양호 회장과 그 직계 가족들이 행한 각종 갑질 행태로 시발 되었으며, 이어서는 공관병에 대한 한 육군 장성 부인의 행태와 기업 대표들의 다양한 갑질 행태[1]에 대한 고발로 이

---

1) 갑질 행태란 권력의 우위에 있는 '갑'이 약자인 '을'에게 하는 '부당 행위'를 통칭하는 개념이다.

어졌다.

　갑질 행태에 대한 고발과 미투 운동의 부작용에 대한 사회 일각의 우려가 없는 것은 아니다. 즉 이와 같은 사회분위기를 이용해 자신의 사적 이득이나 남을 폄하하기 위해 거짓된 정보로 미투 운동을 벌이는 사람들이 일부 나타나고 있는 것이 사실이다. 그러나 갑질 행태에 대한 다양한 고발과 미투 운동은 인간의 기본적 권리에 대한 각성을 통해 우리 사회를 한층 더 '살기 좋은 사회'로 만드는 계기가 될 것이라는 사실에는 의심의 여지가 없다.

2. 아동 인권 보호와 학생인권조례 제정

2-1. 아동 인권 보호

　한국 사회에서는 근년 들어 '아동학대 사망 사고'가 빈발하면서, 가정 내에서의 아동 훈육을 위한 '친권자 징계권'을 둘러싼 논란이 일고 있다. 보다 구체적으로는 가정 내 아동학대를 막기 위해 민법의 '친권자 징계권' 규정(제915조)에서 '체벌'을 제외하자는 이슈를 정부가 제기하고 나선 것이다.

　2016년 1월 15일, 경기도 부천시에서 아버지(35)가 초등학교 1학년생인 아들(사망 당시 7세)을 무차별 폭행해 살해하고 시신을 토막 내 냉동 보관하고 시신 일부를 쓰레기봉투에 담아 유기한 사건은 우리 사회에 큰 충격을 주었다. 2016년 2월에도 자신의 딸을 살해하고 허위 가출 신고를 한 목사가 경찰에 긴급 체포된 부천 여중생 백골 시신 사건이 발생하였으며, 동년 9월에는 2년 전 입양한 6세 딸을, 아동학대로 사망케 하고 태연하게 실종신고를 하여 범행을 은폐하려고 한 사건이 발생하기도 하였다.

우리 사회에서 아동학대 신고건수는 2013년 1만3000건에서 2017년 3만4000건으로 4년 사이에 3배 이상 늘었다. 이 가운데 부모에 의한 체벌의 비중은 상당히 높은 것으로 알려졌다.[2] 보건복지부가 의회에 제출한 '아동학대 사망 사고 발생 현황' 자료에 따르면 2018년 아동학대로 판명된 사건은 2만4433건으로, 하루 평균 67명의 아이가 학대를 당했다. 아동학대로 사망한 아이는 2018년 30명으로 매달 2명의 아이가 세상을 떠난 것으로 드러났다. 우리 사회에서는 2010년 이후 몇몇 지방자치단체에서 학생인권조례를 통해 학교 체벌을 금지하고 있으나 가정 내 체벌을 막는 방안은 여태 마련되지 않고 있다.

한국 정부는 2019년 5월 23일 "아동은 단순한 양육 대상이 아닌 행복을 누려야 하는 권리의 주체"라고 '아동권리 선언'을 하면서, 민법상에 규정된 부모의 '체벌 권한'을 없애 아동의 권리를 강화하겠다는 방침을 밝혔다. 우리나라의 민법 제915조는 '친권자가 자녀를 보호 또는 교양하는 데 필요한 징계를 할 수 있다'고 규정하고 있다.

---

[2] 2017년 국내에서 아동 학대로 판단된 2만2,367건 가운데 76.8%인 1만7,177건의 가해자가 '부모'였던 것으로 보도된 바 있다(한겨레신문(2019. 5. 23.) 가정 내 아동학대 막으려…민법 '친권자 징계권'서 체벌 제외 보도 참조).

전 세계에서 스웨덴 등 54개국은 오늘날 아동들에 대한 체벌을 전면 금지하고 있다. 현재 주요 국가 가운데 한국과 일본만이 민법상 친권자의 징계권을 인정하고 있는데, 일본에서도 친권자의 자녀 체벌금지를 명기한 아동학대방지법과 아동복지법 개정안을 국회에 제출, 향후 '친권자 징계권' 관련 규정을 개정한다는 방침을 2019년 3월 발표한 바 있다.

2015년부터 개정·시행된 한국의 아동복지법에는 부모를 비롯한 보호자가 아동에게 신체적·정신적으로 고통을 주는 행위를 금지하는 내용이 있지만, 민법상 친권자 징계권의 범위가 명확하지 않아 '훈육'을 빌미로 한 가정 내 학대를 용인하는 것으로 해석될 우려가 컸던 것이 사실이다. 다른 말로 하면, 한국 정부는 아동복지법의 개정으로 외형적으로는 부모의 체벌 금지를 법제화했다고 볼 수 있다. 그러나 '아동 체벌 근절을 위한 국제 이니셔티브' 기준에 따르면 우리나라는 여전히 아동체벌을 법적으로 전면 금지한 국가에 속하지 않는다. 민법에서 친권자의 '징계권'을 여전히 규정하고 있기 때문이다.

아동인권의 가장 기본적인 국제 기준인 유엔아동권리협약은, 부모가 자녀와의 관계에서 '아동의 최선의 이익'을 바탕으로 양육에 대한 책임을 다해야 하며(3조), 모든 형태의 신체적, 정신적 폭력으로부터 아동을 보호하기 위해 가능한 모든 조치를 취해야 한다(19조)고 밝히고 있다. 또한 유엔 아동권리위원회는 "모든 종류의 잔혹하고 품위를 저하시키는 벌과 인간의 존엄성을 해하고 신체의 소중함을 침해하는 어떤 종류의 체벌도 정당화될 수 없다."고 하면서 "신체적 처벌은 물론 그 외 모욕적인 형태의 모든 체벌은 폭력 행위"라고 강조하고 있다.

한국 정부가 2019년 5월 3일 발표한 '포용국가 아동정책'은 아동에 대한 인식의 대전환을 바탕으로 하고 있다. 우리나라의 민법 915조는 "친권자는 그 자(녀)를 보호 또는 교양하기 위하여 필요한 징계를 할 수 있고"는 부모의 징계권 이외에, 자녀에 대한 보호·교양의 권리, 거소지정권 등을 아울러 규정하고 있다. '친권자의 징계권'은 1950년대에 규정된 이래 별다른 논란 없이 존재해 왔다. 그러나 아동학대사건이 잇따르면서 법조계에서도 친권자 징계권의 내용이 현시점에 적합하도록 재해석될 필요가 있다는 문제점을 제기하고 있다.

물론 아이들을 기르고 훈육하는 데 최소한의 체벌은 필요하다는 여론도 만만치 않은 것이 사실이다. 2017년 보건복지부가 전국의 20~60살 시민 1천명을 대상으로 한 '아동학대에 대한 국민인식 조사'[3] 결과를 보면 체벌이 '상황에 따라 필요하다'(68.3%)는 응답이 가장 많았다. 반면, '전혀 필요 없다'(5%), '필요 없다'(18.2%)고 여기는 응답은 23%가량에 그쳤다.

결국 민법상의 '친권자 징계권' 개정을 둘러싼 사회적 논란은, 후술할 학생인권조례 제정을 둘러싼 논란과 마찬가지로, 쉽게 결론 내리기 힘든 이슈로 보인다. 현실에서 '체벌'은 회초리나 꿀밤 같은 직접적 물리적 접촉뿐만 아니라 '손들고 서 있기' 등 벌을 주는 것까지 그 범위가 넓

---

3) 국민정책평가신문(2019. 5. 24.) 가정내 아동학대 막으려…민법 '친권자 징계권'서 체벌 제외

은 데다, 수용 가능 범위도 사람마다 다르게 느끼고 있어 법으로 규정하기 쉽지 않아 보인다. 이에 대한 논의에서 법무부 법무실장은 "친권자의 징계권을 없애는 게 국제적인 추세지만, 그 정도까지 나아갈지에 대해 소극적인 입장"이라며 "다만, 체벌이 당연히 친권자 징계 범위에 포함된다는 인식만큼은 바꿔야 할 것"이라고 언급한 바 있다.

통상 자녀에 대한 체벌은 '사랑의 매'라는 미명하에 자행된다. 그러나 아동에 대한 가정 내 체벌은 가부장적 유교 사회의 인습이라 할 수 있다. 자녀를 부모의 소유로 여기는 사고방식도 한 요인을 이룬다. 그러나 사회적으로 인권의식이 높아지고 있는 오늘날 전근대적 체벌과 훈육은 시대착오적이라는 비판이 확산되고 있는 것이 사실이다. 다른 차원의 얘기이긴 하지만, 아동 체벌의 억제는 아동들에 대한 '가부장적 권위(patriarchal authority)'의 속박을 풀어줌으로써, 미래의 세대들이 민주적으로 그리고 창의적으로 성장하는 데 도움을 줄 수 있을 것이다.

한국의 아동복지법 제17조(금지행위)는 "누구든지 다음 각 호의 어느 하나에 해당하는 행위를 하여서는 아니 된다."고 규정하고 있다.

Ⅰ 아동을 매매하는 행위
Ⅱ 아동에게 음란한 행위를 시키거나 이를 매개하는 행위 또는 아동에게 성적 수치심을 주는 성희롱 등의 성적 학대행위
Ⅲ 아동의 신체에 손상을 주거나 신체의 건강 및 발달을 해치는 신체적 학대행위
Ⅳ 삭제 〈2014.1.28.〉
Ⅴ 아동의 정신건강 및 발달에 해를 끼치는 정서적 학대행위
Ⅵ 자신의 보호·감독을 받는 아동을 유기하거나 의식주를 포함한 기본적 보호·양육·치료 및 교육을 소홀히 하는 방임행위
Ⅶ 장애가 있는 아동을 공중에 관람시키는 행위
Ⅷ 아동에게 구걸을 시키거나 아동을 이용하여 구걸하는 행위
Ⅸ 공중의 오락 또는 흥행을 목적으로 아동의 건강 또는 안전에 유해한 곡예를 시키는 행위 또는 이를 위하여 아동을 제3자에게 인도하는 행위
Ⅹ 정당한 권한을 가진 알선기관 외의 자가 아동의 양육을 알선하고 금품을 취득하거나 금품을 요구 또는 약속하는 행위
Ⅺ 아동을 위하여 증여 또는 급여된 금품을 그 목적 외의 용도로 사용하는 행위

2-2. 학생인권조례 제정을 둘러싼 논란

2010년 이후 한국 사회에서는 '학생인권조례' 제정을 둘러싼 논란 또한 크게 일고 있다. 지금 현재 겉으로 보기에는 학생 체벌이 교육 현장에서 용납되어서는 아니 된다는 방향으로 법적으로 그리고 사회적으로 어느 정도 정리된 것으로 보이나, 학생 체벌을 둘러싼 논쟁은 쉽게 결판나지 않을 것으로 보인다.

학생인권조례는 학생의 인권이 교육 과정에서 실현될 수 있도록 학생의 존엄과 가치 및 자유와 권리를 강조하는 조례를 말한다. 학생인권조례는 2010년 경기도에서 처음 제정·공포된 이후 2020년 1월 현재 17개 광역자치단체 가운데 경기, 서울, 광주, 전북 등 4개 지역에서 시행 중이다. 우리 사회의 진보 성향 교육감들의 학생인권조례에 대한 열기는 여전히 식을 줄을 모르고 지속되고 있다. 이들은 특히 모든 지방자치단체에서 '학생인권조례'를 제정해야 한다고 주장하면서, 체벌·폭행 등 "폭력으로부터 자유로워야 할 학생들의 기본 인권"을 강조한다. 2018년 5월 서울시교육청 학생인권교육센터에 따르면 학생 인권침해 상담 건수는 2014년 674건에서 2017년 1551건으로 3년 새 2.3배나 는 것으로 나타났다.

그러나 다른 한편 '학생인권조례' 제정에 대한 학부모들의 반발과 저항도 본격화되고 있다. 2013년 이후 수차례에 걸쳐 추진된 대전시의 학생인권조례 제정 시도는 보수적 학부모 단체의 격렬한 반대에 부딪혀 무산됐으며, 2013년에 강원도 교육청이 추진한 학생인권조례 제정도

'강원학교사랑학부모연합' 등 학부모단체의 반대로 실패했다.

'나쁜인권조례폐지네트워크(나인넷)'는 2017년 11월 20일 "학생인권조례가 교권 추락과 학생 방종을 야기한다"며 서울시에 학생인권조례폐지 주민발의안 청구인 등록을 했다. 이 단체의 공동대표는 "서울시 교육청이 2012년 학생인권조례를 제정한 후 학생인권을 보호한다는 명목 아래 학생의 의무와 책임, 타인의 권리는 무시하고 나의 인권만 강조하는 '나쁜 인권' 개념이 팽배해졌다."며 "이로 인해 부모와 자녀 관계가 악화되고 사제 간 존중과 배려 문화가 사라지는 등 사회혼란이 날로 심각해지고 있다"고 강조했다. 또한 '통일을향한변호사연대'도 인권개념을 매개로 학교와 가정을 갈등과 투쟁의 장소로 간주해 "교사는 물론 부모의 말을 따르지 않게 만든다.", "아동을 성인과 동등한 성숙한 존재로 간주하고 지나친 권리 강조로 자녀들의 방종을 야기한다."고 주장하면서 학생인권조례에 대한 반대 입장을 밝히고 있다.

다른 한편 '학생인권조례' 제정에 반대하는 측에서는 학생들의 생활 지도 및 교육 과정에서 교육효과를 위해 낮은 수위의 체벌은 필요하다고 주장하면서, 학생들의 인권은 따지면서 교사들의 인권은 왜 보장해 주지 않느냐고 반문한다. 이들은 학생인권조례로 인해 교권이 약화되고, 교실의 질서가 무너지고 있다고 개탄하면서, 그 부작용으로 학생인권조례가 제정된 지역에서의 학력저하와 불량 학생 다발 현상을 지적한다. 한국교원단체총연합회는 2018년 교권침해 상담 건수가 2007년의 204건에서 10년 사이에 508건으로 2.5배 증가했다고 밝혔다.

반대파들은 학생인권조례가 제정된 지역에서 발견할 수 있는 가장 뚜렷한 현상은 학력저하라고 주장한다. 2017년 10월 국회 교육문화체육관광위원회 소속 자유한국당 조OO 의원이 교육부에서 제출받은 자료를 분석한 결과에 따르면, 학생인권조례를 제정한 지역에 학업 부진학생이 상대적으로 더 많은 것으로 나타났다. 최근 3년간 시도교육청별 중고등학교 학생 기초학력 미달 비율을 보면 전체 16개 광역자치단체(세종시 제외) 가운데 서울시가 1위(5.78%), 전북이 2위(4.95%), 경기도가 4위(4.62%), 광주가 7위(3.77%)였다.

그러나 학교 현장에서 학생들의 기본적 권리가 침해되는 현상은 적지 않은 것으로 나타나고 있다. 전북교육청 학생인권교육센터의 조사자료에 따르면 2014년 11월부터 2016년 12월까지 2년여 동안 학생인권 침해사례를 분석한 결과 전체 123건 가운데 체벌·폭행 등 '폭력으로부터 자유로울 권리'를 침해당한 사건이 64건으로 절반을 넘어선 것으로 나타났다. 그리고 체벌과 폭행 외에 수치심 유발·폭언 등 인격권 침해가 27건(22%)을 차지했으며 또한 자치활동이나 양심의 자유, 두발 관련 사항이 14건(11%)이었다. 그밖에 소지품 압수와 개인정보 공개 등 사생활의 자유 침해는 10건(8%)이었고 강제 보충학습 및 자율학습 5건(4%), 강제 종교수업 및 종교예배 3건(2%)이 뒤를 이었다.

2017년 12월에는 경기도 소재의 한 예술고등학교에서, 성차별·성희롱 막말, 혐오 발언, 외모 차별 등 학생들의 인권을 침해하는 사례집 '여기'가 출간되었다. 이후 경기도교육청은 학교에 세 차례 현장조사를 나가 27명의 교사를 대면조사하고, 교사 3명을 수사의뢰하는 한편 학교법인에 대해서는 2명을 징계하도록 요구했다. 그 뒤 수사의뢰된 교사

세 명은 수사기관에 의해 무혐의 처분을 받았으며 징계 처분이 요구된 다른 2명에 대해서는 학교법인이 불문 경고 처분으로 마무리했다.

전라북도 교육청의 학생인권교육센터는 학교구성원들의 '낮은 인권 감수성'이 학생인권침해의 본질적 원인이라고 지적하면서, 학생들에 대한 효율적인 생활 지도를 위해서는 무엇보다 '수위 낮은 체벌'이 필요하다는 '권위적 문화'가 바뀌어야 한다고 강조하였다. 물론 조사 과정에서는 "어디까지를 인권침해로 볼 것인가"에 대한 논란이 없었던 것은 아니다. 한 학생인권침해 조사관은 학생인권교육센터 사례들을 '인권침해'로 보지 않는 것은 한국의 학교 현장이 일제 때부터 내려온 권위적이고 폭력적인 문화를 아직 버리지 못했다는 것을 보여주는 것"이라고 지적하면서, "체벌 없이 생활지도가 불가능하다는 인식은 이제 없어져야 한다. 그리고 교사들도 좀 더 노력하여 폭력이 아닌 다른 방식의 교육기법과 지도방법을 연구해야 한다"고 말했다. 그는 이어 해당 학교장에게 인권 감수성 향상을 위한 대책으로 인권교육 등의 계획을 수립할 것을 권고했다.

학생인권조례의 주요 내용은 지역별로 차이를 보인다. 서울특별시 등에서 규정한 조례의 구체적 내용은 다음과 같다.

- 학교에서 체벌은 금지된다.
- 학교는 학생에게 야간자율학습, 보충수업 등을 강제해서는 아니 된다. 이는 방학 기간 중에 실시하는 보충수업도 포함된다.
- 학생은 복장, 두발 등 용모에 대해서 자기의 개성을 실현할 권리를 가진다. 교복을 금지한다는 말이 아니다.
- 학교는 두발의 길이를 규제해서는 아니된다. *염색을 허용한다는 조항은 논란 끝에 빠졌다.
- 학교는 학생의 휴대전화 자체를 금지해서는 아니 된다. 수업 중에 썼을 때 금지할 수는 있다는 의미도 있다.
- 학교는 학생에게 양심에 반하는 내용의 반성, 서약 등 진술을 강요해서는 아니 된다. 학생 자신이 잘못하지 않았다고 생각할 경우 반성문도 거부가 가능하다.
- 학생은 세계관, 인생관 또는 가치적·윤리적 판단 등 양심의 자유와 종교의 자유를 가진다.
- 학생은 임신, 출산 등의 이유로 차별받지 않을 권리를 가진다.
- 학생은 성별, 종교, 나이, 사회적 신분, 출신지역, 출신국가, 출신민족, 언어, 장애, 용모 등 신체조건, 임신 또는 출산, 가족형태 또는 가족상황, 인종, 경제적 지위, 피부색, 사상 또는 정치적 의견, 성적 지향, 성별 정체성, 병력, 징계, 성적 등을 이유로 차별받지 않을 권리를 가진다.
- 여학생은 생리로 인한 고통 때문에 결석하거나 수업에 참여하지 못하는 경우 그로 인하여 불이익을 받지 않을 권리를 가지며, 학교장과 교직원은 생리 중인 여학생에게 불이익이 없도록 적절한 배려조치를 취하여야 한다.
- 교직원은 학생과 교직원의 안전을 위하여 긴급히 필요한 경우가 아니면 학생의 동의 없이 소지품 검사를 하여선 아니 된다. 불가피하게 학생의 소지품 검사를 하는 경우에는 최소한의 범위로 한정되어야 하며, 불특정 다수의 학생을 대상으로 하는 일괄 검사 또는 검사의 목적물을 소지하고 있을 것이라는 합리적인 의심이 없는 학생을 대상으로 하는 검사를 하여서는 아니 된다.
- 학교는 학생과 교원에게 학기당 2시간 근로권을 포함하여 인권교육을 해야 한다.
- 학생은 학교 운영 및 교육청의 교육정책과정에 참여할 권리를 가진다.
- 학생의 인권에 관한 정책의 수립 및 평가를 위해 학생인권심의회를 두고 학생도 참여한다.
- 교육감은 학생과 관련된 정책에 따라 학생의 의견을 수렴하기 위하여 100명 이내의 학생참여위원회를 설치하고 간담회를 가져야 한다.
- 조례가 실제로 잘 시행되기 위해 학생인권침해에 대한 상담 및 구제를 위하여 학생인권옹호관을 둔다.

3. '위험의 외주화' 방지법과 인권

국가인권위원회 위원장은 2019년 1월 28일 성명을 통해 이른바 '김용균법'의 미흡함을 지적하면서 도급 금지 범위를 확대하는 등 하청노동자 보호를 위한 근본적 대책 마련을 촉구했다.

이른바 '김용균 사건'은 태안 화력발전소 하청노동자 고(故) 김용균 씨가 2018년 12월 11일는 화력발전소 내 석탄 운송 설비 컨베이어 작업을 하던 중 기계장치에 몸이 끼여 24살의 젊은 나이에 사망한 사건이다. 2019년 1월에는 김용균 씨를 기리기 위한 범국민촛불추모제가 광화문 일대에서 열렸으며, 추모제에 참석한 시민과 유족들은 "내가 김용균이다. 위험의 외주화 중단하라", "비정규직 철폐하라" 등의 구호를 외치며 정부에 진상 규명과 관련자 엄벌, 비정규직 철폐 등을 요구했다.

국회에서는 여야가 김용균 씨 사망 사건과 관련된 '산업안전보건법' 개정을 둘러싸고 2018년 연말 이후 논란을 벌이고 있다. 진보적인 여당은 원청업체의 안전관리 책임을 강화하는 내용을 담은 개정안의 처리를 요구하고 있으나, 보수 야당은 기업에 대한 규제를 강화하면 기업 활동이 위축된다는 논지를 펴면서 "이러다가 나라가 망한다."고 반발하고 있다. 진보적인 노동자단체, 종교단체 등은 정부·여당 측의 전부개정안을 지지하면서 진상 규명을 촉구하는 성명서를 발표했다. 특히 시민대책위원회는 ▲진상규명 ▲책임자 처벌 ▲재발방지대책 수립 ▲직접 고용과 정규직 전환 등을 주장하며 문재인 대통령과 정부의 책임 있는 답변을 촉구했다.

국가인권위원회 등에서는 김용균씨의 사망 사건을 '인권'의 시각에서 접근한 것이다. 근년 들어 우리 사회에서는 '노동 문제'는 물론 '경제 문제', '복지 문제'까지도 '인권 문제'로 보는 시각이 확산되고 있다. 2016년 5월 서울 구의역에서 일어난 스크린도어 정비 노동자 김모군 사망 사고 등도 마찬가지다. 그동안 우리 사회에서 하청 노동자들의 안전 문제가 여러 차례 대두됐지만, 국회의 관련법 개정 과정에서 논란이 불거짐으로써 제도 개선은 제대로 이루어지지 못하고 있었다. 고 김용균씨 사망 사건이 계기가 된 '산업안전보건법'이 개정되면, 하청에 재하청을 거듭하는 다단계 재하도급 관행으로 산업재해가 발생했을 때 책임 소재가 모호했던 문제점이 일부 개선될 것으로 전망된다.

그러나 '노동 문제'는 노동 차원에서 제기하고, '경제 문제'는 경제적 차원에서 접근하는 것이, '인권' 차원에서 접근하는 것보다 사회적 실효성이 더 클 수 있다. 노동 문제와 경제 문제까지 '인권' 차원에서 포괄적으로 접근하는 것은, 긴 논리 전개 과정에서 오히려 문제의 초점만을 흐리게 할 가능성이 적지 않을 것으로 생각된다.

4. 인권 이슈의 다방면으로의 확산은, '전통적 인권 문제'의 초점을 흐릴 뿐이다.

2017년 12월 7일 문재인 대통령은 이성호 국가인권위원장의 특별 보고를 받았다. 대통령이 국가인권위원장의 특별 보고를 받은 것은

2012년 3월 이명박 대통령 이후 5년9개월만이다. 이날 오찬을 겸한 자리에서 국가인권위원회는 특별 보고를 통해, 1987년 이후 30여 년간 인권 환경이 급속도로 변화해 지금은 새로운 인권 환경에 최적화된 인권 보장 체계 구상이 필요한 시점임을 강조했다.

이날 특별 보고에서 국가인권위원회는 "대한민국은 자유권에서 사회권으로, 침해에서 차별로, 복지에서 인권으로 전환되는 과정에 있다."고 하면서 한국 사회는 현재 비정규직과 노인빈곤 등 생애사적 불평등과 빈곤의 악순환이 우려되는 수준이며 사회적 양극화와 사회갈등이 표면화되고 있다고 말했다. 국가인권위원회는 나아가 "인권 이슈는 지방분권과 인권, 스포츠인권, 정보인권, 기업과 인권, 재난 상황에서의 인권 등으로 확장돼 국가의 적극적 역할이 필요하다."고 밝혔다.

국가인권위원회는 이날 문 대통령에게 ▲사회권 등 기본권 강화와 지방분권을 골자로 하는 헌법 개정 ▲인권기본법·인권교육지원법·차별금지법 등 인권관련 기본법 체계 완비 ▲사회적 약자의 인권 보장과 차별·배제·혐오를 규율하기 위한 개별 법령 정비 ▲위원회의 자율성과 독립성의 제도적 보장 등의 필요성을 강조했다.

국가인권위원회의 이날 특별 보고에 담긴 의미를 확대해석하자면, 현대 사회의 모든 사회 문제, 심지어 경제 문제까지 인권 문제와 연관되어 논의되고 있음을 알 수 있다. 국가인권위원회 스스로 밝혔듯이 지난 30여 년간 한국의 인권 환경은, 자유권에서 사회권으로 침해에서 차별로 복지에서 인권으로 전환되는 급격한 변화 과정에 있다. 그러나 앞서 밝혔듯이 '인권'의 모자를 굳이 씌우지 않더라도 실효적 개혁이 잘 이루어질 것이라는 차원에서, 또한 국가 공권력에 의한 살인, 고문, 그리고 노예제도와 신분 제도, 인종차별, 성차별과 같은 '정통적 인권 문제'의 초점을 흐릴 수 있다는 관점에서, 현시점에서 인권의 포괄 범위를 지나치게 넓혀 잡는 것이 바람직하지 않을 것이라는 점을 지적해 두고자 한다.

여기서 필자는 '사회권'에 대한 다변화된 관심 증대가, 국가폭력을 고발하는 '정통적인 인권 문제'의 초점을 흐려 그것을 상대적으로 소홀히 할 수 있다는 점을 지적해 두고자 한다.

인권은 모든 인간이 누릴 수 있는 보편적인 기본권을 가리킨다. 1966년 국제연합(UN) 총회에서 채택된 국제인권규약 전문은 다음과 같이 규정하고 있다.

> 국제연합헌장에 선언된 원칙에 따라 인류사회의 모든 구성원 고유의 존엄성 및 평등하고 양도할 수 없는 권리를 인정하는 것이 세계의 자유, 정의 및 평화의 기초가 됨을 고려하고, 이러한 권리는 인간의 고유한 존엄성으로부터 유래함을 인정하며, 세계인권선언에 따라 시민적, 정치적 자유 및 공포와 결핍으로부터의 자유를 향유하는 자유 인간의 이상은 모든 사람이 자신의 경제적, 사회적 및 문화적 권리뿐만 아니라 시민적 및 정치적 권리를 향유할 수 있는 여건이 조성되는 경우에만 성취될 수 있음을 인정하며, 인권과 자유에 대한 보편적 존중과 준수를 촉진할 국제연합헌장상의 국가의 의무를 고려하며, 타 개인과 자기가 속한 사회에 대한 의무를 지고 있는 개인은, 이 규약에서 인정된 권리의 증진과 준수를 위하여 노력하여야 할 책임이 있음을 인식하여, 다음의 조문들에 합의한다.

한국의 학계는 그동안 인권의 기본적인 관점 및 개념 정립을 소홀히 해 왔을 뿐 아니라, 확장되는 인권 개념에 대해서도 눈감아 왔다. 이러한 상황에서 '언론'에 의한 인권 개념의 무분별한 확장은 사회구성원들에게 적지 않은 혼란을 초래했다.

CHAPTER 4

인권 선언의 철학적 의미

1. 인권을 보는 기본 시각

　　인권 이슈는 당초 '국가공권력'의 반명제(anti-these)로 제시되었다. 현실적으로도 인권의 주된 침해는 국가공권력에 의해 이루어진다. 대헌장, 프랑스 인권 선언 등 인권 개념의 진화 과정을 살펴보면 이러한 관점이 분명하게 드러난다.

　　그러나 제2차 세계대전 이후 유엔의 세계인권선언을 계기로 인권의 개념은 사회권과 자유권까지 포괄하는 등 폭넓게 진화되었다. 즉 1948년 유엔의 세계인권선언 이후 인권 개념은 사회권, 자유권, 인종차별, 고문, 여성차별, 아동, 이주노동자, 장애인 이슈 등을 포괄하는 폭넓은 개념으로 확대되었다. 인권 이슈는 풀어 얘기하자면, 생명 권리, 적절한 삶의 수준을 보장받을 권리, 고문을 비롯한 부당한 처우에 대한 보호, 사상과 언론 및 표현의 자유, 이동의 자유, 자기 결정의 권리, 교육에 관한 권리, 그리고 정치·문화에 참여하고 향유할 권리에 이르기까지 폭넓게 포함한다고 하겠다.

앞서 누차 밝혔듯이, 인권은 국가공권력에 의해 주로 억압되고 침해 받는다. 그러나 인권은 비단 국가권력에 의해 억압받을 뿐만 아니라 종교 권력, 금권, 현대 조직사회 등 다양한 사회 세력과 제도에 의해서도 억압받는다. 한편 관점을 달리해 보면 인권은 정치·경제·사회적 민주화와 궤를 같이하여 신장되어 온바, 인류 사회는 마그나카르타 이후 인권 신장을 향해 점진적으로 발전해 왔다고 하겠다.

2. 인간으로서 인권을 가질 권리에 관한 논의

인간으로서 인권을 가질 권리는 "권리를 가질 권리"라고 부를 수 있다. 그것은 공동체의 구성원이 생산하는 권리이면서, 권리를 위협하고 침해하는 공동체와 제도를 바꾸고 더 나은 공동체를 만들 수 있는 권리를 말한다.

에티엔 발리바르(Étienne Balibar, 1942~)는 '권리를 가질 권리'에 내포된 의미는 인간이 곧 시민이고, 시민이 곧 인간이라는 등식이라고 했다.

인권이 결국 '정치에 대한 보편적 권리(universal right to politics)'를 의미한다고 단언한 것이다. 이는 곧 공동체에서만 인권이 보장될 수 있으나, 제도와 형태를 권리 주체가 스스로 결정하고 바꿀 수 있다는 전제에서만 그럴 수 있다는 의미이다. 그는 즉 시민의 보편적 권리를 인권 원리로 삼는 인권의 정치(politics of human rights)를 제안한 것이다. 권리를 가질 권리가 인권 원리로서 성공적으로 작동하려면 공동체 구성원이 권리를 상호 생산, 공동체를 구성/재구성하는 과정이 제대로 작동될 수 있어야 한다(유카리 이토, 2009).

발리바르는 공동체와 개인이 공적 영역에서 서로 권리를 부여하고 의사소통할 수 있는 상황을 핵심으로 봤다. 이를 이소노미아(isonomia, 권리의 평등)라고 하며 다수가 지배하는 민주주의와 다르게 누구도 지배받지 않는 정치 형태를 말한다. 어느 누구도 지배하지 않는 가운데 구성원들 사이의 상호 행위로 정당한 권리를 생산하는 것이다. 권리의 내용과 주체는 끊임없이 정의될 것이며, 권리를 보호하는 제도의 정당성은 항상 의심받는다. 이는 권리를 억압하는 제도와 지배에 대해 권리 주체가 집단적 행위로 맞서서 권리를 상호 생성한다. 이런 의미에서 한나 아렌트(Hannah Arendt, 1906~1975)의 시민불복종과 연결된다.

발리바르는 아렌트의 시민불복종 개념에 대해 무제한적 권위를 갖는 시민의 자발적인 행위가 인권의 정치를 결정하는 중요한 요소가 된다고 했다.

이러한 논의는 아렌트의 행위(action) 개념으로부터 시작된다. 아렌트의 행위 개념은 다수의 인간 사이에서 직접적으로 수행되는 유일한 활동으로 인간의 다른 활동(제작, 노동)과 달리 예측 불가능한 새로운 것을 시작할 수 있는 능력을 의미한다. 생존에 필요한 재화를 만들어내는 노동과 달리 공동 세계인 정치 공동체를 구성하고 보존하는 행위로 인간은 동료 인간과 함께 기존 정치를 바꿀 수 있다는 것이다. 더 급진적으로는 완전히 새로운 공동체를 만들 수도 있다. 아렌트에게 정치는 사람이 행위를 하면서 동등한 상대로 인정받을 수 있는 영역을 만들고 유지할 수 있다. 마찬가지로 권리도 상호 소통과 실천을 바탕으로 만들어진다는 것이다. 즉 권리를 가질 권리는 하향식으로 이루어지는 것이 아니라 오직 동등한 권리 주체가 '아래로부터' 형성되는 민주적 권리인 것이다.

잉그램(Kelly Ingram)은 정치에 대한 권리가 행위할 수 있는 권리이며, 현존하는 정치질서나 공동체의 한계를 초월할 수 있는 자율적인 정치적 행위의 권리라고 주장한다. 이런 의미에서 국가를 잃어버린 사람에게 가장 중요한 박탈은 '자유에 대한 권리의 박탈이 아니라 행위의 권리에 대한 박탈이고 사고할 권리가 아니라 견해를 가질 권리의 박탈'이라고 한다.

즉, 국가를 상실한 이들의 권리 박탈은 공동체에 소속될 수 있는 소극적 권리의 박탈이 아니라 현존하는 공동체를 (재)구성할 수 있는 정치적 행위의 가능성이 없어진다는 의미다. 따라서 인권은 행위할 수 있는 권리이자 정치에 대한 권리라는 것이다. 다시 말하면, 그 자체로 새로운 정치 원리를 만드는 과정이며 실천이라는 것이다.

권도두(Ayten Gündoğdu) 또한 인권의 핵심이 행위 개념에 있다고 본다. 아렌트의 인권의 정치는, 역사적 상황에서 정치적 행위자가 권리를 만들고 주장하고 선언하면서 정치적 모순을 스스로 다루는 방식에 주목하고 있다. 아렌트가 제기했던 인권의 난점은 정치적 행위자가 인권을 주장, 실천, 논쟁하면서 계속해서 탐색되어야 하는 영역으로 이해되어야 한다는 점이다.

권도두는 제도와 권리 사이의 이율배반적 측면이 인권의 정치에서 중요성을 지닌다고 한바, 국적을 상실한 사람의 문제가 대표적 사례에 해당된다. 그는 누구가 시민인가를 결정하는 국가 권력의 비민주성에 문제를 제기하면서 많은 국가에서 드러나는 불법 이주민 문제에서도 그 논리가 적용된다고 본 것이다. 불법이주자는 즉각 추방의 위협에서 인권의 주체로서 공적 참여를 할 수 있는 조건이 없는 사람이다.

위에서 언급한 정치철학자의 시각에서는 인권의 위기를 극복하고 구체적이고 실천적인 인권을 논의하려면 불법이주자가 정치적 행위자로 새로운 것을 시작하고 주장할 권리가 있어야 한다는 것이다. 비록 민족 또는 국가 때문에 권리를 상실한 사람이지만 인권의 주체라는 것이다. 그들 입장에서는 연대적 행위로 인권의 의미, 제도 자체를 문제 삼는 것이며 자신의 권리를 스스로 창출하는 행위를 하는 것이라는 것이다. 그것은 새로운 구성원 자격과 공동체의 새로운 경계를 요구하는 권리 상실자와 기존 사회구성원 사이의 갈등과 대립 문제와 연결되어 있기에, 쉽게 해결점을 찾을 수 없다.

그렇지만 정치적 행위 개념은 새로운 것을 시작할 수 있는 능력, 권리와 제도의 모순, 인권의 위기를 해결할 수 있는 돌파구가 된다. 그러나 아렌트의 행위 개념에는 훨씬 복잡한 요소가 숨겨져 있는바, 새로운 문제가 나타나면 연관 문제와 관련해 중요한 이론적·실천적 의미를 지니게 된다.

오늘날에는 한 세기 이전보다 확장된 인권 개념을 가지고 있으며 그 신념도 강하다. 그렇지만 제노사이드(genocide)는 여전히 진행되고 있으며 극단적 폭력, 정치적 억압, 극심한 굶주림 등을 피하는 난민 등을 보면 아직도 인권 개념이 닿지 않는 경우가 많다. 강제송환을 금지하는 난민 협약에 가입한 유엔 회원국은 많지만, 난민을 동등한 공동체 구성원으로 인정하고 있는 사회는 찾아보기 힘들다.

이러한 상황은 인권의 시대에 권리 상실의 문제를 다루어야 하는 모순된 현실을 보여준다. 권리 상실의 문제는 특정한 권리를 누구에게까지 적용할 것인지의 문제로, 권리를 갖지 못한 사람이 스스로 권리를 요구해서 주체가 될 수 있도록 접근할 때 공동체 내부와 외부의 권리를 모두 확장할 수 있는 계기로 작용할 수 있다.

이렇게 권리를 가질 권리를 낙관적으로만 볼 수는 없다. 그것은 온전히 권리 주체의 행위에 달려 있다. 위에서 주도하는 사회적 관계 변화나 윤리적 규범의 부과는 권리를 가질 권리를 확장하는데 한계가 있다. 그 결과가 권리 주체에게 있다는 사실은 불안감을 주기에 충분하고 안전한 인권 체계의 필요성을 강조하는 방향으로 작용할 수도 있다. 그러나 권리를 가질 권리는 스스로 인간다움을 보장받을 수 있는 가장 인간다운 방식이라는 점에서 의미가 있다(김민수, 2017)고 하겠다.

권리를 가질 권리를 살펴본 결과, 인권 논쟁은 각종 사상끼리 갈등이 지나치다는 지적을 받을 수도 있다. 문화 다양성이 하나의 가치로 존중된다고 하더라도 특정 문화권 내부에서 예로부터 이어진 가치관의 변화를 외면할 수는 없다. 전통의 재구성과 비판을 중시하는 개혁적 사고는 인권의 보편적 의식의 확산에 기여한다. 그렇지만 단순히 전통의 현대화를 주장한다면 정체성의 혼란에 직면할 수 있다. 인권의 보편성이 역사적 문화적 맥락을 무시하거나 다양한 문화적 차이를 무차별하게 대한다는 점은 오히려 문제가 될 수도 있다.

현재 우리가 생각해야 하는 인권은 무엇보다도 인간의 존엄성에 대한 인류 공통의 경험과 인식에 근거해 국가의 도덕적 정당성과 합법성, 경제적 자유, 생존과 관련된 안전과 위험을 측정하는 지수(지표)라고 볼 수 있다. 인권의 이념은 기본적으로 그 기원의 특수성이나 자의적인 해석을 넘어 도덕적 차원에서 접근해야 한다.

3. 프랑스 인권선언의 철학적 의미

'인권'은 근대 문명을 대표하는 개념으로, 모든 사회적 가치의 궁극적 출발점이자 종착지가 되고 있다. 오늘날 인간 사회의 수많은 분쟁과 갈등에서 인권이라는 용어는 빠짐없이 등장하고 있다(황정아, 2011).

고대 중국, 인도, 이슬람 문명의 인권에 대한 윤리적 공헌이 유럽의 경우보다 우월했던 적이 있었음에도 불구하고 오늘날 우리가 인권을 이해하는데 유럽 계몽주의의 기여가 크다는 점도 부인할 수 없다. 그러나 이러한 시각은 다른 한편 인권에 대한 비판과 연결되어 있다. 혹자는 "인권은 인간에 대한 서구의 이미지를 조합한 몽타주"이며, 그 권리라는 것도 "세계가 무형의 보편 법칙에 따라 지배받는다."는 사고방식의 반영이라고 지적한 바 있다. 이러한 주장은 보다 개방적인 인권 개념을 모색하자는 차원에서 나온 것이지만, 이에 대한 반론과 재반론도 여전히 진행 중이다. 이러한 반론과 재반론은 이미 전부터 철학자들의 주요 논쟁거리가 되어왔다.

먼저 프랑스의 인권선언에서 '인권'과 '시민권'이 어떠한 양식으로 규정되어 있는지 살펴볼 필요가 있다. 프랑스의 인권선언에서는 권리의 주체가 누구인지에 대해 인간과 시민(국민)이라는 용어를 번갈아 사용하고 있으면서도, 어떠한 정의에 근거하고 있는지 그리고 인권과 시민권이 어떠한 관계에 있는지를 설명하지 않고 있다. 관련 문건에서 인간과 시민을 명확하게 정의하지 않은 채 모호하게 나열함으로써 적지 않은 논란을 불러일으키고 있다. '인간'의 개념 속에는 무엇까지 포용될 수 있는지, '시민'의 범위는 어디까지 확장될 수 있는지 그리고 무엇보다 모든 인간이 시민이 될 수 있는지, 시민이 아닌 사람까지도 인간의 대우를 받을 수 있는지 등과 관련된 개념적 문제가 켜켜이 얽혀 있다.

인권선언 이후 프랑스에서 전개된 정치·사회적 상황도 모호하기는 마찬가지였다. 혁명 초기 인간의 보편적 권리와 국민의 일체성은 매우 포괄적인 방식으로 폭넓게 해석되었다. 1790년 국민의회에서는 프랑스에 5년 이상 거주하고 약간의 재산을 가진 모든 외국인에 대한 귀화가 승인되었으며, 세계 최초로 유대인을 동등한 시민으로 인정해 공직에 종사할 수 있게 하는 조치(1791년)가 나타났다. 프랑스에 거주하지는 않지만, 혁명에 동조하는 외국인에게도 명예시민와 같은 시민권이 부여되었다(1792년). 그러나 1794년 들어 외국인에게는 파리를 비롯한 주요 도시에서의 거주가 금지되고 공적 업무와 정치적 권리에서 배제되었으며, 영국과 스페인 시민의 재산은 몰수되고 다수의 혁명적 외국인이 처형되었다.

프랑스 식민제국의 하나로 당시 가장 많은 부를 창출한 생도밍고(현 아이티)에서는 1791년 노예반란이 일어나, 1794년 국민공회에서 헌법에 따라 노예제 폐지가 승인되고 노예도 프랑스 국가의 시민으로 인정받을 길이 열렸다. 유럽의 식민주의 역사에서 일어난 최초의 사건이라는 점에서, 〈선언〉이 제기한 인권과 시민권의 뚜렷한 성과라고 할 수 있다.

그러나 그다음 전개는 어려움에 봉착했다. 노예제 폐지를 보편적으로 승인하고 프랑스 시민권을 확장하게 되면 프랑스 정부는 어쩔 수 없이 식민지에서 누리는 지위나 그곳 '시민'의 지위를 고민할 수밖에 없다. 1802년 나폴레옹 보나파르트가 그곳의 노예제를 재도입하려고 시도했던 점이 노예의 인권을 선언적으로 인정하면서도 동일한 시민권을 허용할 수는 없었던 모순이 드러나게 되었다. 〈선언〉에서 제시한 인권과 시민권의 모호한 규정은 현실과 부딪치면서 논란이 계속되는 원인이 되었다.

에드먼드 버크(Edmund Burke, 1729~1797)의 '프랑스혁명에 관한 성찰(Reflections on the Revolution in France, 1790)'은 인권과 시민권에 관련된 최초의 문제 제기를 담은 책이다. 버크는 1628년 영국의 권리청원을 거론하며 당시 의회가 자신의 권리를 추상적인 인간의 권리가 아니라 영국인(조상)의 권리를 물려받은 것으로 주장했다. 상속권이 대표적이라는 점에서 개념의 모호함에서 벗어났다고 볼 수 있다.

버크는 그 선언이 추상적이기에 현실에서 권리는 '영국인의 권리'와 같이 구체적 시민권으로서 국가와 법이 보장해야 한다는 점을 주장했다. 버크는 음식과 약에 대한 인간의 추상적 권리를 논하는 것이 소용이 없고 더 중요한 문제는 그것을 얻고 먹는 방법에 있다고 말했다. 형이상학 교수보다 농부와 의사의 도움을 받아야 한다는 논리로 현실을 강조한 것이다. 이는 인권 개념의 추상성을 지적했다는 점에서 타당성을 지니며, 버크는 국가가 모든 권리를 모으고 인권과 시민권이 더 철저하게 일치되는 형태로 양자 관계가 정리되어야 한다고 주장했다.

마르크스(Marx, K., 1818~1883)도 프랑스 인권선언에 대한 비판을 시도했다. 마르크스도 버크와 마찬가지로 인권과 시민권의 등식이 제대로 완결되지 않은 점, 그것이 인권과 시민권을 '구분'한다는 점을 지적했다. 그러나 마르크스는 오히려 시민권이 추상화되었다고 지적하면서 시민으로서 인간보다 부르주아로서 인간이 실제적이며 진정한 인간으로 여겨졌다는 점을 강조했다. 버크가 추상성을 지닌 인권에 대한 의문을 가졌다면 마르크스는 시민권이 갖는 중요성을 실질적으로 살펴보면서 인간 개념을 다른 측면에서 접근했다. 이처럼 버크와 마르크스는 인권과 시민권을 똑같이 문제라 여기면서도 두 개념 정의에서 차이를 드러냈다.

인권이 시민권으로 현실화한다는 버크와 시민권을 바탕으로 인권을 재구성해야 한다는 마르크스의 관점의 차이를 이해해야 한다.

마르크스에게 인간의 권리는 공동체로부터 떨어진 이기적 인권이었다. 인권은 개인 외부에 존재하면서 개인의 자연적 자유를 제한한다. 마르크스는 인권이 보편적인 것처럼 보이지만 실제로 개인 권리를 강조하면서 계급에 따른 불평등을 은폐하고 부르주아 계급의 이익만 대변한다고 비판한 것이다. 개개인이 서로 잠재적인 적이라고 가정되는 이유는 부르주아의 이기주의 또는 자본주의의 경쟁 체제 때문이라고 하지만, 이는 자연스럽고 보편적이지 않다. 인권은 사회 형성 이전부터 존재했을 뿐 독립적 개인은 언제나 자연스러운 것이다. 자본주의 사회에서 개인의 정치 활동도 단지 자연권을 보호하는 수단에 불과하다.

마르크스는 자본주의 사회에서 부르주아의 개인적 권리 개념으로 인해 노동, 생산, 부가 인간복지에서 얼마나 중요한지를 간과하게 되었다고 경고했다. 결국 인간 해방은 개인의 경제 문제를 함축한다는 뜻이다. 당시 마르크스는 프랑스 파리의 작업장이 해체되고 억압적 노역이 계속 남아 있다는 점을 주시했다. 그는 노동자의 강제적 노동과 불평등한 경제 체제 위에 수립된 자본주의 국가는 노동권을 제대로 보장할 수 없을 것이라는 회의적인 관점을 가졌다.

마르크스의 인권관은 평등 원칙 관점에서 '정의'와 연결되어 있다. 그는 인권은 무엇보다 '평등'에 근거하며 공정한 임금으로 그 수준을 높여야 한다고 주장했다. 마르크스는 노동력이 다른 모든 상품처럼 가치에 따라 교환된다는 점에서 임금도 공정해야 한다고 믿었다. 그런데 마르크스는 임금 제도가 착취적 사회관계에 따라 노동자의 임금 수준에 관계없이 불공정하게 책정되었다고 지적했다. 그는 궁극적 목표는 사회적 가치를 단순히 평등하게 분배하는 것이 아니라 모든 사람마다 필요에 따라 분배하는 것이 보편적 인권이라고 주장한 것이다(양해림, 2018).

　마르크스의 저서 「유대인 문제에 관하여(1843-1844)」는 브루노 바우어(Bruno Bauer, 1809~882)의 「유대인의 문제(1843)」에 대한 비평문 형식인데, 정치 사상적으로 중요한 주제를 담고 있다. 특히 마르크스는 유대인에게 정치적·시민적 권리를 부여할 수 없다는 바우어의 주장이 근본적으로 정치적 해방과 인간적 해방의 차이를 구별하지 못하지 못한 것이라고 비판했다. 당시 프로이센에서 유대인 문제가 인권과 무슨 관계가 있는지를 살펴볼 필요가 있다. 프로이센에서는 1816년 유대인들을 억압하는 법이 제정되었는데, 1843년에는 의회에서 유대인 해방령을 통과시켰다. 이에 프로이센 왕은 해방령에 대한 거부권을 행사했다. 당시 유대인 문제, 정교분리와 같은 주제는 핵심 쟁점이었다.

　당시 대두된 주요 논점으로는 인간이 자신의 자유를 스스로 제한하는 이기적인 존재가 아니라 자유를 함께 실현하는 존재라는 것이다. 하지만 시민의 존재는 부르주아의 사회에서 이미 망가져 버렸다. 마르크스는 '인간의 권리'라는 이름을 빙자한 개념이 사실은 시민사회에서 타인과 맞서 자신의 재산을 지키려고 애쓰는 특정 계급의 이기적 관점에 불과하다고 여겼다. 그는 시민사회의 이기적 권리는 계급 지배를 정당화하는 도구라고 주장했다.

　마르크스는 다른 한편 시민의 권리와 구분되는 인간의 권리에 대해서도 언급했다. 시민의 권리와 구분되는 인간의 권리는 시민 영역의 구성원으로서 갖는 권리에 지나지 않는다. 마르크스의 관점에서 권리는 사회의 상부구조에 속해 있는 광범위한 범주다. 단지 권리만이 아니라

법, 종교, 국가까지 포함하고 있다. 마르크스에게 있어 정치적 결정은 인간과 자연 사이의 관계, 인권의 권리는 생산과정에서 만들어지는 사회적 관계의 총체다.

　사회적 관계에 따라 계급이 존재하면 권리는 보편적일 수 없다. 권리란 이러한 과정을 지배하는 계급을 보호할 때만 있는 것이다. 이런 조건에서 권리는 단지 겉으로 보기에만 해방적이다. 권리는 이데올로기로 만들어진 신비화된 허상으로 지배 체제에서 중추적 역할을 한다. 만약 계급이 없다면 진정한 평등이 자리 잡을 수 있으며 사람이 기본적으로 필요로 하는 것을 얻을 수 있고, 각자 삶의 보람을 느낄 수 있는 방향으로 자신의 삶을 자유롭게 이끌고 나갈 수 있다고 마르크스는 본 것이다. 이러한 관점에서 볼 때 '권리'가 인간의 삶에 반드시 필요한 것만은 아니다. 마르크스의 관점에서 볼 때 보편적 권리 또는 인권은 어떠한 합리적인 의미도 가질 수 없을 뿐만 아니라, 대다수 인간이 선(善)하고 보람 있는 삶을 추구하는데 장애물이 될 뿐이다.

　마르크스는 보편적 인권 사상은 선천적인 것이 아니라 오히려 인간이 지금까지 훈육 받은 역사적 전통에 대한 투쟁으로 얻었다고 말한다. 인권은 자연의 선물이 아니며 역사가 인간에게 주는 지참금이 아니다. 마르크스는 인권이 세대에 걸쳐 역사가 지금까지 남겨둔 특권에 대한 투쟁으로 얻은 대가라는 것이다.

　인권은 교양의 산물이며 그것을 스스로 획득하고 누릴 자격을 갖춘 자만이 소유할 수 있다고 그는 주장했다. 마르크스는 즉 인권을 역사적 투쟁의 산물로 보고 수동적으로 주어지는 것이 아니라 스스로 획득한 사람만이 누릴 수 있다는 점을 강조한 것이다. 마르크스는 국가와 시민사회(부르주아 사회)를 구분해 국가는 공적으로 자유권을 가진 시민의 공간이라고 말한다. 그는 즉 시민사회를 일상적 이기주의가 만연한 경제활동 공간으로 이해한 것이다.

마르크스는 특히 시민사회를 상업(산업) 사회와 같은 개념으로 이해하고 자신의 이익을 추구하는 시장과 같은 영역으로 보았다. 그에게는 부르주아가 주도하는 상업 사회가 사회적 차별을 만든 근본 원인이었던 것이다. 마르크스는 궁극적으로 자본주의를 철폐하고 타자와의 관계에서 자유를 찾는 세상을 만들 때 모든 인간의 진정한 해방이 가능하다고 믿었다.

마르크스는 근대 자유주의 이념이 국가와 시민사회를 분리한 이후, 국가를 마치 천상과 같은 완벽한 상태로 떠받들면서 시민사회는 지상의 불완전한 상태로 내버려 뒀다는 점을 비판했다. 그는 특권에 의존해서 유지된 봉건제가 현대에 들어와서 인간의 권리를 강조하는 사회로 변했다고 하지만, 알고 보면 특권적 질서를 계급적 질서로 대체한 것에 지나지 않는다고 주장한다. 특히 프랑스 혁명 이후 일어났던 사회운동에 바탕을 둔 '인권'이 결코 보편적 인권이 아니라 시민적 특권이라는 점을 강조했다.

마르크스에게 인권은 그 자체로 시민권과 구별된다. 보편적 인권은 시민사회의 구성원이라는 점 이외에 아무런 의미도 지니지 않는다는 것이다. 즉 보편적 인권이란 공동체로부터 분리된 이기적 인간의 권리 이외에 아무것도 아니다. 무엇보다 국가라는 공적 영역에서는 인간의 자유, 권리, 평등과 같은 개념이 보장되어야 한다. 하지만 마르크스는 이러한 생각들이 당시 현실과 많은 괴리가 있는 이유는 무엇 때문이며, 프랑스 헌법, 미국 헌법 등에 등장하는 '인간의 권리'란 어떤 것인지 궁금해했다.

마르크스는 특히 정치적 해방이 지배 권력이 의존하고 있는 낡은 사회를 해체할 때 이루어진다고 믿었다. 낡은 사회는 봉건주의를 뜻하며, 인간의 자유권과 사유재산권이 시민사회의 토대를 이루는 것으로 마르크스는 본 것이다. "안전(치안)"은 시민사회에서 최고의 사회적 개념이라고 할 수 있는 경찰 활동과 유사하다. 하지만 이것은 지배 계급의 재산을 보호해 주는 구실을 했으며 새롭게 등장한 정권에서도 법이 오직 지배 계급의 존속에 활용된다고 믿었다.

계급 구성은 서로 다를 수 있지만, 보편적 권리를 보호해야 할 법이 실제 상황에서 개인주의적 권리도 보호하지 못하고 있는 것으로 마르크스는 본 것이다. 그는 즉 프랑스 혁명 아래서 자연적·보편적 권리라고 하는 보편주의를 정당화한다는 구실 아래, 법은 실제로 특정한 부르주아 계급에 해당하는 인간의 권리 역할을 하였다고 본 것이다.

마르크스는 당시 시민사회에서 인간의 권리를 보장하더라도 인간 해방에 못 미칠 뿐만 아니라 오히려 방해가 된다고 주장했다. 마르크스는 권리는 사회의 경제 구조보다 더 높은 위상에 놓일 수 없다고 한 것이다. 경제적 토대의 문제를 도외시하면서 인권을 주장하면 오히려 인간 해방은 멀어질 수 있다. 따라서 마르크스 관점에서 볼 때, 진정한 인간은 추상적 시민 개념을 자신 안으로 불러들여 공동체 안에서 평등한 구성원으로서 자신의 정체성을 찾을 수 있어야 한다는 것이다. 마르크스는 인간 스스로 공동체에 속한 존재라는 사실을 알아야 한다고 주장한 것이다. 인간은 자신의 힘을 개인적 힘만이 아니라 사회적 힘으로 인식할 수 있어야 하며 사회적 힘을 조직할 줄 알아야 하고, 두 가지 힘을 동일하게 볼 수 있어야 한다고 본 것이다. 이런 인식에 도달했을 때 인간 해방이 완성될 수 있다.

마르크스의 인권 개념은 평등 원칙이라는 관점에서 정의(justice)관과 밀접하게 연관되어 있다. 마르크스에게 인권은 무엇보다 평등 개념에 기반해 있다. 그는 임금과 평등, 국가의 문제를 '공정한 임금'으로 높여야 한다고 주장했고 노동력이 다른 모든 상품처럼 가치에 맞게 교환된다는 점에서 임금의 '공정'을 강조한 것이다. 이런 맥락에서 인권은 평등권(공정 분배)에 대한 "다른 모든 권리처럼 내용상으로 불평등한 권리"라는 개념에서 출발했다고 그는 본 것이다. 마르크스의 궁극적 목표는 단순한 평등 분배에 있는 것이 아니라 모든 사람마다 필요에 따른 분배에 있었고, 그것이 보편적 인권이라는 것이다.

인권 문제를 정밀하게 논구한 아렌트(Hannah Arendt)는 프랑스 혁명이 인권 선언을 주권에 대한 요구와 결합해, 동일한 기본권이 어떤 곳에서는 모든 인간의 양도할 수 없는 유산으로, 다른 한편에서는 특정 민족의 유산으로 청구되는 모순을 지닌다는 점을 지적한다. 인권과 시민권의 등식은 동일할 수 없는 것을 하나로 묶으면서 비롯된 모순이라고 해석한 것이다.

아렌트는 인권의 영역에서 가장 불행한 결과적 현상의 하나로 무국적 난민을 지적한다. 아렌트는 제1차 세계대전 이후 양산된 무국적 난민들의 처지를, 법 앞에 평등하지 않은 정도가 아니라 아예 어떤 법도 갖지 못하고 자신의 생명을 자선에 의지하는 것과 같은 수준으로 묘사했다. 인간이라는 점을 제외하고 아무런 소속이나 정치적 자격도 상실한 무국적 난민이 되는 순간 그리고 한 국가의 시민으로서의 권리와 구분되는 가장 순수한 대상이 되는 순간, 인간으로서의 일체의 권리도 박탈되는 역설이 존재한다는 것이다. 인권 개념에 대한 아렌트의 비판은 '배제'의 논리를 중심으로 시민권과 국가를 비판하는 논의로 이어진다.

소수민족이 거주 국가의 정부로부터 탄압을 받는 사실보다 더 나쁜 점은, 진정한 주권은 민족해방으로 성취된다는 점, 자국 정부가 없는 민족은 인권을 박탈당한다는 사실을 확신한다는 점, 그리고 거주지를 상실한 이들이 자신들의 국가를 만들고자 하는 시도에 공감을 표시한다는 점이다.

아렌트의 관점에서 국가는 민족의 구성원에 한정되지 않는 전체 주민의 권리를 보호하고 보장하는 일을 최상의 과제로 삼는다. 그에게 있어 법 앞의 평등이라는 중요한 원칙이 없어지면 국가는 더 이상 존재할 수 없으며, 만인에게 평등하지 않은 법은 권리와 특권으로 변질되는 바, 이것은 국민국가의 성격에 배치된다는 것이다. 국민국가가 법 앞에서 만인의 평등을 보장한 적이 한순간이라도 있었는지 반문할 수도 있을 것이다. 이는 마르크스 관점의 국가 비판에서도 제기되었다. 아렌트는 국민국가의 '정상적' 가동 범위를 넘어선 전체주의의 일탈을 강조하고 그것이 문명 자체에 반하는 야만이라는 점을 밝히는데 초점을 두고 있다. 아렌트는 인권과 시민권 개념이 철저하지 않아서 생기는 문제보다 현실에서 너무 철저히 구현된 나머지 불행한 사태가 빚어진다는 점을 포착한다. 시민권으로 포섭된 인권은 하나의 껍데기로만 남아 있을 뿐이며 시민권은 모두의 인권일 수 없다는 것이다.

반면, 크리스테바(Julia Kristeva)는 프랑스 인권선언에 담긴 인권과 시민권의 모호한 관계를 두고, 어디까지나 이 관계가 모호하게 남겨져 있다는 사실 자체가 역설적이라고 했다. 크리스테바는 나치가 인간성을 잃은 것은 인간 개념이 추상적이어서가 아니라 오히려 추상적인 개념의 상실에서 비롯된 것이라고 했다. 프랑스 인권 선언에서 인권과 시민권의 관계를 정립하지 않은 탓에 남아있는 인간과 시민의 구분이 인간 존엄의 요구를 유지한다는 것이다. 국민국가와 그에 속해야만 보장되는 시민권이 진정한 정치적 공동체를 지향하지 못한 채 배제와 폭력 기구로 작동해 왔다는 것이다. 시민권으로 완전히 수렴되지 않는 인권의 추상적 부분이 오히려 가능성을 담고 있다는 의미다. 인권과 시민권의 등식이 완결될 수 없다는 데서 크리스테바는 윤리적·정치적 잠재력을 발견한 것이다.

한편 발리바르(Étienne Balibar)는 프랑스 인권선언이 인간의 권리와 시민의 권리를 구분하고 시민의 권리에 인간의 권리의 토대를 두었다는 해석을 비판하면서, 인간의 권리와 시민의 권리 사이에 아무런 차이가 없고 완전히 같다고 주장한다. 발리바르에 있어 인간은 국가 구성원인 시민과 대립되는 사적 개인이 아니라 바로 시민 그 자체였다. 역사, 현실에 초점을 맞추지 않고 바로 인권 선언이라는 '맥락' 안에서 양자 관계를 찾고 있는 것이다. 즉 인간이 철저히 시민일 수 있는 조건이고 이유이자 보편성의 근거로서 자유와 평등의 동일성을 제시하고 있는 것이다. 정치에 대한 보편적 권리를 긍정하며 그런 의미에서 선언 자체가 권리 주장이 정치화되는 무한의 발판이라고 할 수 있다.

　발리바르에 있어서는 인권선언에서 출발해 '인권의 정치'로 확장되는 개념이며 선언 자체가 갖는 그 순간의 중요성은 역사상 처음으로 개인이 모여서 공적으로 자기 스스로 권리를 부여한 탁월하게 정치적인 행위였다. 인권은 처음부터 시민의 권리로 정의되었고 시민이나 시민 활동이라는 의미가 명백히 정치를 함축한 것이다. 인권선언은 "정치를 해체하고 재건하는 급진적인 담론 활동", "모든 인간의 제한 없는 시민권"으로 규정될 수 있다. 누구나 스스로 대변할 수 있으며 어떤 사회적 범주나 문제도 정치에서 무한정 배제될 수는 없는 것이다(황정아, 2011).

　그렇지만 발리바르도 정치에 대한 보편적 권리를 열어준 인권과 시민권의 관계가 순탄하게 전개되었다고 생각하지 않는다. 그는 인류학적(생물학적) 차이를 도입해 인간을 여러 다른 범주로 구분하고, 이를 시민권 구성에 불평등으로 연결하는 사례가 체계적으로 이루어졌다고 지적한 것이다. 주요 문제로 지적된 부분은 인간을 포괄하자는 보편 논리와 내부적 배제라는 논리가 서로 모순되는 지점인 "이주 노동자"다. 이러한 이주민 정책은 이주자와 관련된 불법성을 제거하는 것이 아니라 그들의 법적 지위 향상을 막아서 오히려 불법성을 '만들고' 그들을 항구적 불안정 상태로 유지하는데 목표를 두고 있다. '시민권' 개념은 정치에 대한 보편적 권리, 권리 그 자체를 주장할 수 있는 권리를 언급한 것이다.

인권 이야기
Human Rights

제2편

인권은 누구에 의해 침해받는가?

CHAPTER 5
국가공권력과 인권

1. 국가공권력의 의미

인간의 기본권은 고대 이래 국가공권력으로부터 탄압을 받았다. 공권력(公權力)은 국가나 정부가 보유하고 행사하는 권력을 말한다. 공권력은 국가가 독점한다. 넓은 의미의 공권력은 입법권을 행사하는 입법부, 재판권을 행사하는 사법부, 일반 행정을 펴는 행정부로 나뉘어 행사된다. 그러나 공권력 자체는 일반적으로 국가라는 공동체에 양도된 '물리력'의 전체를 뜻한다. 오늘날의 사회에서 공권력은 국민을 대상으로 직접적으로 행사되는 검찰권과 경찰권을 가리키는 경우가 많다.

홉스(Thomas Hobbes)와 루소(Jean-Jacques Rousseau) 등에 의해 주창된 사회계약론(theory of social contract)은 오늘날 민주주의 이론의 뼈대를 이루고 있다. 인간은 만인의 만인에 대한 투쟁(the war of all against all)에서 벗어나 자신의 생명과 재산을 보호하기 위해 자신의 자연적 권리를 특정한 사람이나 집단에 위임하는 사회 계약을 맺는다고 사회계약론은 본다.

홉스는 인간이 평화와 자기방어에 필요하다고 판단하고 다른 사람들도 그렇게 생각한다면 만물에 대한 권리를 기꺼이 포기하고 자신이 타인에게 허락한 만큼의 자유를 갖는 것으로 만족해야 한다고 말했다. 이러한 과정을 거쳐 '국가공권력'이 형성된다고 사회계약론자들은 주장하는데, 공권력은 공공질서 유지를 목적으로 일탈적인 사람을 제어하는 폭력이나 강제력의 형태로 나타난다.

공권력은 합법적으로 폭력을 행사할 수 있는 정당성을 갖는다. 근대 국가의 출현 이후 공권력은 일정한 강제력을 가지고 국가만 행사할 수 있는 것으로 사회구성원은 인식하고 수용했다. 그러나 국가가 공권력을 합법적으로 행사하려면 그 '정당성'을 사회 구성원으로부터 승인받아야 한다.

민주주의 국가의 제도적 장치는 공권력 사용의 정당성을 가정한다. 그렇지만 공권력의 사용은 조심스러워야 하며 그 행사에 관련된 과정과 결과는 국민의 감시와 통제를 받아야 한다. 그러한 감시와 통제에서 벗어난 공권력은 사회구성원에 대한 폭력으로 전락한다. 공권력의 행사는 따라서 불편부당하고 공정해야 하며 그럴 때만이 정당성을 획득할 수 있다.

이러한 관점에서 공권력은 마땅히 최소한의 범위에 한정되어야 한다. 인신(신체) 구속과 사회 사상(事象)에 대한 비판의 자유도 공권력이 과도하거나 불필요하게 침해해서는 아니 된다. 대한변호사협회는 우리 사회에서 대량 구속·불법 구금·고문 등이 공권력의 이름으로 얼마나 자행되었는지 밝히기도 했다. 공권력은 국가 안보, 질서 유지의 이름으로 시민의 자유를 억압하기 좋은 수단으로 인식되기도 한다.

그만큼 시민의 자유와 국가의 질서 유지 기능은 균형을 이루어야 한다. 시민의 자유가 상대적으로 더 강조되는 분위기에서 공권력의 질서 유지 기능은 움츠러들 수밖에 없다. 역설적으로 다수 시민의 인권을 보호하기 위해서는 공권력이 확보가 필요하다. 이처럼 양자는 서로 영향을 주고받는 관계에 있다고 하겠다.

공권력은 여러 국가기관이 행사할 수 있으나 경찰과 검찰에 의해 주로 수행된다. 행정학은 19세기 말 미국에서 관리(management) 중심의 행정학으로 발전하기 이전인 16세기 중반 독일에서 관방학(官房學, Kammeralwissenschaft)의 이름으로 발전했다. 행정학의 발전 과정에서 한때 경찰학(警察學, Polizeiwissenschaft)이 관방학에서 분리되어 독자적인 학문 체계를 갖춘 적이 있었다. 경찰학의 토대를 마련한 유스티(Johannes Heinrich Gottlob von Justi)는 국가 재산의 증대와 유지를 다루는 경찰학과 국가 재산의 유효한 사용을 다루는 재정학을 구분, 경찰학을 하나의 독립된 학문으로 만들었다. 경찰학은 국가 목적 또는 국가 이념을 실현하는 합목적적 국가 활동을 경찰(Polizei)로 규정하였다.

당시의 경찰 기능은 국민의 생명과 재산을 보호하고 사회의 안녕과 질서를 유지하는 기능을 주로 수행했다. 그 과정에서 경찰 업무는 개인이 추구하는 인권과 자주 부딪칠 수밖에 없었다. 특히, 신체의 자유 등과 밀접하게 연관된 경찰의 공권력은 그 오·남용에 대한 비판이 제기될 여지가 많았다. 이것은 검찰권도 마찬가지인데 두 기능 모두 형사 사법 제도를 활용한 공권력을 행사한다.

정상적인 민주 사회를 표방하는 국가에서는 검찰과 경찰로 대표되는 공권력의 오·남용을 경계하고 있다. 이와 관련된 법률, 제도, 정책 등이 다양하다. 공권력 행사 과정에 드러나는 문제를 개선하기 위해서는 공권력과 인권이 연결된 부분에 대해 깊은 성찰이 필요하다.

인권과 공권력은 얼핏 보기에 상충 관계에 있다. 그런데 관점을 달리하면 선량한 인권을 보호하기 위해서는 강력한 공권력이 필요하다고 하겠다. 물론 공권력을 활용해 사회 문제를 해결하려는 국가에서는 인권 보호가 상대적으로 더 강조될 수밖에 없다. 이처럼 인권과 공권력은 역사적으로나 개별 사안에 따라 자주 마주치는 개념이라고 볼 수 있다. '법의 지배'의 형식적 측면에서 공권력 작용은 사전에 결정되어 공포된 규정에 따라 행사되어야 한다고 하겠다. 이를 인권과 자유 등 정치도덕적 요소를 포함하는 실질적인 법의 지배로 볼 수도 있다(전종익, 2013). 이처럼 공권력은 국가가 생길 때부터 존재했다고 하겠다. 마무리하자면 공권력은 인권과 대립 관계에 있으면서도 인권 보호에 필요하다는 점에서 양자는 모순(矛盾)될 수밖에 없다는 특징을 지닌다고 하겠다.

2. 국가공권력에 의한 인권 침해

인류의 역사는 좀 과장하자면 국가공권력에 의한 인권 침해의 역사라 할 수 있을 것이다. 고전 소설에 자주 등장하는, 탐관오리(貪官汚吏)의 횡포가 전형적인 인권 침해다. 최근까지 국가나 정부의 공권력이 인권을 침해한 사례는 전 세계적으로 어렵지 않게 찾아볼 수 있다. 일부 국가에서는 겉으로만 민주정을 자처할 뿐, 학살 등을 상시적으로 자행한다.

고문은 인간의 존엄성을 침해하는 대표적인 인권 침해 가운데 하나다. 고문은 인간이 인간처럼 살 수 있는 근본적 조건인 신체의 자유를 억압하고 양심의 자유를 심각하게 망가뜨린다. 고문은 자연권에 기초한 개인의 권리를 강력한 물리력의 지배 아래 두게 된다. 인간사에서 고문의 역사는 매우 오래되고 그 방법 또한 기상천외하다.

국가가 공권력에 바탕을 둔 고문을 통해 자백을 받아내는 행태는 불과 반세기 전까지만 해도 일반화되어 있었다. 우리나라에서는 조선시대까지만 해도 "네가 네 죄를 알렷다!"는 호통을 통해 수많은 범법자가 만들어졌었다. 이러한 고문은 문명화된 오늘날까지 세계 여러 나라에서 소리소문없이 자행되고 있다.

우리나라 현대사를 조명해보면 1981년의 아람회 사건 등 무수한 용공사범들이 전기고문, 물고문 등 가혹 행위로 만들어진 것을 알 수 있다. 1987년 1월 치안본부 남영동 대공분실에서 일어난 박종철 씨(당시 서울대생) 고문치사 사건이 대표적인 사례에 해당한다. 당시 남영동 대공분실(2005년부터 '경찰청 인권보호센터'로 용도가 바뀌어 운영되고 있음)에서 조사받던

박종철 씨가 물고문으로 사망한 것이다. 박종철 씨 고문치사 사건은 동년 6월의 이른바 '6월 항쟁'을 불러일으키고 헌법 개정으로 이어져 제6공화국이 발족하는 계기가 되었다. 이른바 '87년 체제'[1]가 탄생한 것이다.

고문은 아래와 같이 다양한 형태로 나타난다(북한인권백서, 2019)

> 총살, 교수형, 구타, 날카로운 도구로 공격하기, 화형, 폭발, 독살, 전기 충격기 사용, 찢어죽이기, 자동차로 치어 죽이기, 목 조르기, 굶기기, 특정한 성적 행위, 강간, 생식기에 무생물 삽입하기, 생식기에 생물 삽입하기, 구타, 공중에 매달아 방치하기, 수술대에 눕혀 때리기, 높은 곳에서 밀어서 떨어지게 하기, 골절, 화학 약품 주입하기, 금속 막대기를 가열해서 몸 지지기, 물에서 숨 못 쉬게 만들기, 더러운 액체에 담그기, 오랜 시간 밖에 세우기(여름 또는 겨울), 손발톱 뽑기, 동물을 사용해 괴롭히기, 수면 불허, 비명 등으로 스트레스 유발하기, 가족 협박 등

고문은 인권이 존중되지 않는 미개 국가에서만 나타나는 것은 아니다. 식민지에서 살아가는 사람이나 소수 민족에 대해, 그리고 독재국가의 무자비한 정치권력에 의해 오늘날까지도 고문이라는 수단이 폭넓게 활용되고 있다. 일부 인권선진국에서도 국가 안보를 이유로 한 고문이 암묵적으로 자행되는 것으로 보인다.

---

1) 이른바 '87년 체제'는 1987년의 6월 항쟁과 뒤이은 집권여당 대표 노태우의 '6·29 선언'에 따른 9차 개헌으로 형성되어 오늘날까지 이어져 온 우리나라의 정치·사회 체제를 지칭한다. 좁게는 대통령 직선제와 대통령 중심제를 골간으로 한 87년 이후의 정치체제를 가리키지만, 넓게는 권위주의 정치체제 종식과 민주절차의 제도화뿐만 아니라 사회경제적 민주화까지 포괄하는 87년 이후의 국가·사회체제 전반을 가리킨다.

일부 인권단체에서는 고문 실태를 '추정해서' 공개하는 경우도 있는데 그 목적은 인간 존엄성을 회복하고 국가가 정당성을 갖추어야 한다는 사실을 세상에 널리 알리는 데 있다. 인권단체들은 국가 정보기관 등에서 비밀리에 개인을 가두고 강압적 심문 기법을 사용한다는 사실을 '추정하여' 폭로하기도 한다는 것이다.

공권력으로부터 주된 위협을 받아 온 인권은 최근 들어 그 빈도와 강도가 비록 줄었다고는 하나, 아직 완전히 사라지지 않았다는 점을 우리는 명심해야 할 것이다. 국가는 평시에는 공공의 안녕과 질서 유지를 위해, 그리고 전시에는 국가 안보 수호와 전쟁에서의 승리를 명분으로 가혹한 인권 침해를 자행한다. 국가의 명운이 경각에 달려 있을 때 인간의 존엄성은 아주 쉽게 침해되기 마련이다.

대부분 국가의 명운이 경각에 달려 있는데 국민 개개인의 인권과 권리가 무슨 소용이 있냐는 논리에 따라 인권이 침해되는 경우가 적지 않다. 그러나 오늘날 인권의 초점은 국가공권력에 의한 인권 침해에서, 경제적·사회적 복지, 삶의 질, 개인의 자아실현, 민주적 참여 등으로 서서히 옮아가고 있다. 즉 인권 이슈의 초점은 신체적 억압과 사상의 자유 등에서 공공재 제공의 효과성, 국가 권력의 독점적 장악, 부정부패, 불법행위, 정권의 합법성, 난민과 주민 이탈 상황, 국가 내 보안조직의 활동, 엘리트 파벌, 쿠데타 가능성, 지정학적 가치, 핵무기 보유 능력 등 사회권 등으로 옮아가고 있다. 오늘날 불법행위, 난민과 주민 이탈, 보안조직의 활동 등은 인권을 직접 침해하는 원인이 되고 있다.

인권은 민주주의를 구성하고 유지하는데 반드시 필요하다. 국가의 적극적 인권 보호 의무는 모든 민주주의 이론의 핵심인 시민 참여를 달성하는 요소다. 항시 발생할 개연성을 지닌 공권력의 충동적이거나 의도적인 인권 침해에 대해서는 사법부가 적극적으로 나서 감시할 필요가 있다. 소수자가 정치적으로 배제되고 조직적으로 침묵할 수밖에 없을 때 대의민주주의는 제대로 작동할 수 없다. 국가는 소극적으로 인권 불가침 의무만이 아니라 적극적으로 인권을 보호·보장할 의무를 부담해야 한다. 그리고 사법부는 정치적 책무성을 가지고 자유민주주의의 감시자 역할을 적극 수행해야 할 것이다. 법원은 결국 기존의 소극적 태도에서 벗어나 개별적이고 구체적인 사안에서 판결로 국가 공권력의 인권 침해 행위를 적극 감시 억제해야 할 것이다(이은혜, 2010 : 369-370).

2001년 미국에서 발생한 9·11 사태는 안보와 인권에 관한 생각을 다시 하도록 만든 사건이다. 자유를 상대적으로 더 강조하던 평균적인 미국인조차 자국민의 안전을 지키기 위해서는 인권 침해도 수용할 수 있다는 태도를 보인 것이다. 테러 혐의를 받는 외국인을 영장 없이 체포하고 정보기관의 감청 권한을 확대하려는 움직임도 있었다. 자국민 개개인의 안전과 안보가 개인의 자유보다 더 중요할 수 있다는 사실을 받아들인 것이다. 이와 같은 움직임은 사회의 모든 분야에 대한 사법 기관의 감시 권한을 대폭 강화했기 때문에 개인정보, 자유, 인권을 침해할 소지가 그만큼 많다고 하겠다.

인류의 역사를 민간인 생활에 초점을 맞추어 보면 국가나 정부가 공권력을 사용해 인권을 억압하고 침해한 부분이 상당히 많았던 것이 사실이다. 한국을 비롯해 전 세계적으로 최근까지 국가나 정부의 공권력이 인권을 침해한 사례는 어렵지 않게 찾아볼 수 있다. 아직도 지구의 많은 곳에서 이러한 일들이 반복적으로 발생하고 있다.

3. 국가 안보를 빙자한 인권 탄압 사례

인권은 국가 공권력에 의해 가장 심대하게 침해받는다. 평시에는 공공의 안녕과 질서 유지를 위해 그리고 전시에는 '국가 안보'를 명분으로 가혹한 인권 침해가 이루어진다. 국가 공동체의 명운이 경각(頃刻)에 걸린 전시(戰時)에는 특히 사람이 사람대접을 받기 어렵다.

당초 제1차 세계대전 후 결성된 국제 연맹의 규약에는 '인권'에 관한 구체적인 규정이 없었다. 강대국 중심의 국제 질서가 공고하게 형성되어 있던 당시에는 약소국 국민과 사회적 약자의 천부적 권리를 강조하는 "인권이 국제적으로 보호되어야 한다."는 가치 기준이 국제 사회에서 받아들여지지 않았기 때문이다. 1948년 세계인권선언을 선포한, 제2차 세계대전 후 결성된 국제연합(UN)의 초기 명칭이 '열강연합(Associated Powers)'이었다는 사실은 많은 점을 생각하게 해 준다. 안전보장이사회 상임이사국 중심으로 운영되는 현재의 국제연합 체제는 '열강연합'의 변형으로 볼 수 있다.

제2차 세계대전 당시의 홀로코스트(holocaust)[2] 즉 유럽에 사는 유태

---

2) 홀로코스트(holocaust)라는 용어는 고대 그리스에서 신에게 동물을(holos) 태워서

인과 집시, 슬라브족, 그리고 동성애자를 절멸시키기 위해 자행된 '인종청소'는 인권을 근본적으로 부인하는 전제 위에 자행된 것이다. 제2차 세계대전뿐만 아니라 인류 역사상 발생한 무수한 전쟁들은 '인권'을 가장 참혹하게, 근본적으로 침해한다. 고대 정복사회 이래 패전국 국민들이 노예로 붙잡혀가거나 팔려가는 상황에서 인권이 운위될 공간이 없었다는 점은 당연하다고 하겠다.

전시에는 그렇다 하더라도 평시에도 인권은 자주 '국가 안보'의 이름으로 침해된다. "국가 공동체가 없어지는 마당에 국민 개개인의 인권이라는 것이 무슨 의미를 가질 수 있는가?"라는 논리로….

우리 사회가 겪은 평시의 대표적인 인권침해 사례가 이른바 '보도연맹' 사건이다. 1945년 8월 수립된 남한 정부는 1949년 4월 "남로당 등 남한 내 좌익세력을 전향시켜 선량한 국민으로 육성하겠다."는 취지로 국민보도연맹을 결성하였다. 조직 확대 과정에서 정부는 "좌파를 불문에 부치겠다.", "취직을 알선해 주겠다."는 회유를 계속한 것으로 알려졌다. 보도연맹원의 전체 규모에 대해서는 6만명 설, 30만명 설, 70만명 설 등 다양하나 공식적으로 확인된 기록은 없다.

보도연맹원 중에는, 공명심에 불탄 담당공무원들의 꼬임에 넘어가 좌익 활동 전력(前歷)이 없음에도 불구하고 연맹에 가입한 양민들도 다수 있는 것으로 밝혀졌다. 6·25전쟁이 발발하자 다급한 상황에서 이들에

(kaustos) 제물로 바치는 것을 의미했다. 1960년대부터는 나치의 유태인 학살을 지칭하는 특별한 개념으로 쓰이기 시작하였다.

대한 법적절차 없이 예비 검속하여 집단학살하였다는 주장이 그동안 끊임없이 제기된 것이다. 뿐만 아니라, 6·25전쟁을 전후로 하여 북한군의 남한 우익인사들에 대한 '숙청 또는 인민재판'이라는 이름으로 십만이 넘는 양민을 집단학살하거나 사회 지도급 인사 등 8만 4천여명을 강제로 납치하여 북으로 끌고 갔다[3]는 남북한관련 전쟁의 참혹함이 기록되어 있기도 하다. 이들 중에는 우익인사의 가족이라는 이유로 어린이나 부녀자, 노약자도 포함되었다고 한다.[4]

고문-자백으로 꾸며진 용공조작 사건은 그렇다 하더라도, 과거 용공사건과 관련하여 '막걸리 간첩'이라는 말이 있었던 것처럼 오랜 시간이 지났지만, 법원의 무죄판결을 받은 사상범으로 조작한 사건도 없다고 할 수 없지 않은가? 이 모든 상황이, 국민을 천부적 권리를 지닌 '인간'으로 대하기보다는 국민의 인권을 무시하는 인권 경시 사상 때문에 야기된 것으로 볼 수 있다. 이는 6.25사변으로 인한 정신적, 물질적 심각한 피해 의식이 잔존되어 있던 국민의 의식도 한 부분을 차지하였다고 인정할 수 밖에 없는 과거이다.

앞서 밝혔듯이, 인권은 흔히 '국가안보'의 이름으로 침해된다. 1948년의 세계인권선언 이래 인권에 대한 기본 관점은 크게 바뀌었다. 즉 '국가 안보'를 명분으로 한 인권 침해가 두드러지게 강조되던 종전과 달리 경제적·사회적 복지, 삶의 질, 평등권, 개인의 자아실현, 참여 등이

---

[3] 조선일보 1964년 11월 1일 1면
[4] 공보처 통계국(1952), 『대한민국 통계연감(6·25 사변 민간 피해 조사표)』.

상대적으로 더 강조되는 관점으로 바뀐 것이다.

그러나 2001년 발생한 9·11 사태[5]는 '안보'와 '인권'에 대한 각국 국민들의 균형추를 다시 한번 더 움직이게 하였다. 그동안 '자유'를 상대적으로 더 강조하던 평균적인 미국인들의 가치관은, '안전'을 위해서는 '인권 침해'도 받아들이는 그것으로 바뀐 것이다. 즉 미국인들은 테러 혐의를 받는 외국인을 영장 없이 체포하고, 수사기관의 감청 권한을 확대하는 등 이른바 '애국법(Patriot Act)'[6]을 채택하게 되면서 자신들의 '안전', 즉 '안보'를 위해 '자유'를 기꺼이 포기하게 된 것이다.

'애국법'은 전화, 이메일, 의료 등 사회의 모든 분야에 대한 사법집행기관의 감시 권한을 대폭 강화했기 때문에 개인정보 및 자유, 인권을 침해할 소지가 많다. 애국법 이전에는 영장 없이는 도청 등이 불법이었으나, 애국법은 이를 명시적으로 합법화시켜준 것이다.

9.11테러 직후 한국에서도 '테러방지법' 제정 움직임이 있었으나, 미국의 애국법 제정 당시 제기된 반대 논리 즉 인권 침해 우려가 있다는 인권 단체와 민변(민주사회를 위한 변호사 모임) 등의 반발 속에 난항을 겪다가 결국 무산되었다. '한국판 애국법' 제정은 그 뒤 2004년, 2014년,

---

[5] 2001년 9월 11일 미국에서 발생한 항공기 납치 동시다발 자살 테러 사건을 말한다. 이날 테러로 뉴욕의 110층짜리 세계무역센터(WTC) 쌍둥이 빌딩이 무너지고 버지니아주 알링턴 군의 국방부 건물 펜타곤이 공격받아 일부가 파괴되었으며, 약 2,996명의 사람이 사망하고 최소 6천명 이상의 부상자가 발생하였다.

[6] 정식명칭은 테러대책법(Anti-terrorism legislation)이다. 조지 워커 부시 대통령의 주도 아래 2006년 3월 정식 선포되었다. 테러 방지에 주된 목적을 둔 이 법은 독소조항에 대한 논란으로 2015년 6월 폐지되고 미국 자유법(The USA Freedom Act)으로 대체됐다.

2015년에도 시도된 바 있으며, 2016년 '국민보호와 공공안전을 위한 테러방지법(법률 제14071호, 2016.3.3. 제정)'으로 제정되었다.

4. 공권력과 인권 보호

4-1 무너지는 공권력

근년 들어 우리 사회에는 공권력 무력화를 우려하는 목소리가 높아지고 있다. 공권력 무력화를 우려하는 목소리는 몇 년 전까지만 해도 일부 지방신문과 비주류 언론에서만 찾아볼 수 있었으나, 근래 들어서는 비록 보수성향의 언론에 한정되긴 하나 주류 신문의 논조에까지 자주 등장하고 있다.

우리 사회에서 경찰관과 소방관 그리고 일반공무원이 공무 수행 중 폭행과 폭언에 노출되는 상황이 매년 수백 건에 달하는 것으로 나타나고 있다. 그러나 그에 대한 가해자 처벌은 대부분 솜방망이에 그치거나 피해자에 대해서는 별다른 보상없이 지나는 등 공권력 무력화 현상이 심화되고 있다. 국가 사회의 공권력이 무너지면, 그 피해는 고스란히 국민일반(public at large)에게 돌아간다. 인권 보호와 공권력 확립이 균형 있게 함께 가야 할 이유가 여기에 있다.

경찰청에 따르면 시위진압 등 임무수행 중에 사망·부상당하는 경찰 숫자는 해마다 늘어나고 있다. 2012년 16명이었던 순직 경찰관은

2013년 20명, 2014년 14명, 2015년 15명 등으로 꾸준히 두 자릿수를 기록하고 있다. 임무수행 중 부상하는 경찰관 숫자는 훨씬 더 많다. 2012년 2,093명이었던 공상(공무 중 부상) 경찰관은 2013년 2,047명, 2014년 1,974명, 2015년 1,772명으로 조금씩 줄어들고 있기는 하지만, 여전히 해마다 1,500명을 넘어서고 있다. 특히, 집회·시위 과정에서 부상당하는 경찰관은 2012년 57명에 불과하였으나, 2018년에는 9월 기준 189명으로, 3배 이상 급증한 것으로 나타나고 있다.

   사회적으로 큰 주목을 받은 공권력 관련 개별 사건을 살펴보면 다음과 같다. 2018년 연말에는 전국민주노동조합총연맹이 수사기관의 심장부인 대검찰청을 점거 농성하기에 이르렀으며, 2019년 4월에는 민노총이 국회 담장을 부수고 경찰에 폭력을 행사한 사건이 언론에 크게 보도된 바 있다. 2019년 5월에도 민노총 소속 현대중공업 노조와 대우조선해양 노조 조합원 1,000여명이 경찰을 상대로 폭력을 행사해 일부 경찰관들이 부상당한 사실이 보도되기도 했다. 시위 현장에 출동한 경찰공무원들은 소위 '인내 진압' 방침 때문에 시위대에 공격당해도 무기력하게 대응하거나 엄정대응으로 민원을 야기하는 것을 원치 않은 실정이다.[7]

   시위진압과 관련된 사건은 아니지만, 술에 취한 주취자 등이 출동한 경찰관을 폭행하는 사례도 심심치 않게 보도되고 있다. 주취자의 난동이나 시비와 욕설은 '술에 취해서…'라는 말로 이해할 수 없는 공권력을 약화하는 말 중 하나가 될 수 있다. 실제로 2018년 한 해에만 민주노

---

7) 동아일보(2019. 5. 24.) [단독]폭행당한 경찰관 "진압하다 처벌받느니 때리는대로 맞아"

총이 대검찰청, 고용노동부 창원지청, 한국GM 사장실 등을 불법 점거한 사례가 10여건이 넘지만, 경찰이 적극적으로 퇴거 조치를 하거나 입건한 경우는 찾아보기 어렵다.[8] 또한 검찰이나 침입을 당한 곳에서도 적극적인 수사 등으로 강력한 처벌을 하기보다는 경찰 대응의 절차나 방법부터 먼저 비난하는 실정이다.

우리 사회의 공권력 무력화 현상은 역사성과 사회성을 가지고 있다. 일제 강점기부터 이어져 온 경찰의 부정적 이미지, 권위주의 시절 정치적 중립성을 심대하게 훼손한 과거의 경험들, 그리고 이른바 '87년 체제' 이후 민주화 시기의 반작용 등이 그것이다. 물론 오늘날 엄정한 법집행의 권위를 부여받고 있는 선진국 정부들도 불과 수십 년 전 공권력 무력화의 경험을 겪은 바 있다.

이러한 관점에서 본다면, 오늘날 한국 사회가 겪고 있는 '공권력 무력화' 현상은 '민주화 과도기'에 어느 사회나 겪는 보편적 현상의 하나로 볼 수도 있을 것이다. 그러나 우리 사회가 선진화되기 위해서는 공권력의 남용에 대해 경계를 늦추어서는 아니 될 것이다. 그렇다고 공권력 붕괴의 피해가 고스란히 '말 없는 다수 시민'에게 전가되거나, 범죄 '피해자'의 인권이 거듭 침해받는 상황이 방치되어서도 아니 될 것이다. 이러한 상황을 방지하기 위해서는 매뉴얼 등 인권 관련 규정들이 정교하게 다듬어져야 할 것이다. 선진국처럼 인권은 존중하지만 사회질서를 훼손하는 위법행위는 반드시 강력한 처벌이 따른다는 것을 우리사회에도 인

---

8) 이투데이(2019. 7. 25.) [사설] 현대重 노조에 손배소, 엄정한 법치 세워야

식되어야 한다. 공권력을 향한 일방적인 비판보다는 사건의 발생 전후의 절차 또한 엄정하게 지켜져야 한다. 시위현장 등에서 진압시행 전 선제적인 방송이나 경고 여부, 시위대의 사전 경고에 대한 준수 의무, 위험하거나 공권력 집행자에게 위해가 되는 행동 등에 대한 여부도 확인하거나 위법행위는 적법한 절차에 따라 대응하여야 한다.

자유민주주의를 유지하는 가장 큰 힘은 법과 원칙의 준수이다. 우리나라 뿐만 아니라 외국에서도 경찰관이 범인을 제압하는 것은 '공무를 집행하는 경찰관의 공권력'에 따르는 법과 원칙을 지키는 사회적 합의이기 때문이다.

우리 사회의 언론에서 '인권'을 거론 할 때 국가공권력이 '일방적 가해자'로 비춰지는 것은 일제 강점기 시절 '순사'에 의해 행사되던 국가 폭력이라는 역사적 유산의 영향 때문일 수도 있을 것이다. 이전의 국가형성기와 한국 전쟁 시기 그리고 관료적 권위주의(bureaucratic authoritarianism) 시기에 억압적으로 행사된 공권력의 영향 때문일 수도 있다.

그러나 1인당 개인 소득이 3만 달러를 넘어선 오늘날 '국가공권력과 인권' 문제에 대한 사회구성원들의 관점은 균형 잡힌 그것으로 바뀔 필요가 있다. 우리나라는 오늘날 '인권 과잉' 시대라는 비판을 듣는가 하면, '범죄자도 인간'이라는 관점에서 피의자의 인권이 아직 더 보호받아야 한다는 주장이 서로 부딪치고 있다. 법치국가에서 선량한 국민들의 인권은 물론 범법자의 인권도 보호되어야 함은 마땅하나, 그로 인해 선량한 서민들의 인권이 역피해(逆被害)를 입는 상황은 개선되어야 한다.

2018년 4월 30일 광주광역시에서 발생한 이른바 '광주 집단 폭행 사건'을 두고는 경찰의 초기 대응이 미흡했다며 경찰의 권한을 강화해야 한다는 청원[9]이 제기되기도 했다. 하지만 경찰의 권한을 무리하게 강화할 경우 인권 침해로 이어질 수 있다는 우려도 나온다. 그러나 누리꾼들은 여전히 "경찰이 초기 가해자 진압에 소극적이었다."고 비난하고 있다.

현실은 경찰관의 현장에서의 즉각적인 공권력 집행은 쉽지가 않은 실정이다. 실제로 법원의 판결도 가정폭력 신고를 받고 출동한 경찰관이 주인의 허락을 받지 않고 들어가서 경위를 묻는 도중에 욕설을 듣고 유리병으로 맞고 뺨과 턱을 맞아도 가해자는 무죄 판결을 받은 사례도 있으며,[10] 싸우고 있다는 신고에 대한 경찰관의 정당한 직무 수행에 '가정폭력은 무조건 확인'이라는 지시와는 거리감이 있는 상황도 있다.

실제로 경찰청 인권침해사건 조사위원회는 "가정폭력 피해자들이 경찰의 초동조치 미흡·피해자 신원 노출 등으로 피해를 입었고, 2명의 가정폭력 피해자들은 각각 협의이혼 중인 남편과 전 남편에 의해 살해당함"에 대하여 '초기 대응체계 정비·112출동 경찰관 역량 강화 실질적 방안연구 등을 권고' 하였다.[11] 즉, 112신고에 의해 즉시 출동하였지만

---

9) 당시 청와대 청원 게시판엔 '경찰공무원 공권력 강화 촉구합니다'라는 글이 올라와 청원인이 1000명을 넘어섰다. 청원자는 "적극적으로 진압했다면 피해자의 피해가 달라지지 않았겠느냐. 공권력 강화를 청원드린다"고 적었다. 이 게시판엔 "피해자는 생사의 기로에 서 있는데 경찰이 보여준 행동이 너무 너무 실망스럽다. 최소한 폭력배들에게 공포탄이라도 쏴서 제압을 했어야지"라는 글도 올라왔다.
10) 대구지방법원 2019.3.26. 선고 2018노 4026 판결[공무집행방해][각공2019상,542]
11) 경찰청(2019.07.10.) 가정폭력피해 심각(브리핑)

피해자의 사망을 막지 못한 것에 대한 실질적인 공권력의 행사로 신고자의 안전을 강조한 것이다. 이는 앞의 판결과는 정면으로 대치되는 점이다. 경찰관은 '공권력'이라는 이름으로 만능인이 아니다. '법과 원칙'에 따른 직무수행과 주민의 적극적인 협력이 우선되어야 정당한 공무 집행이 이루어 질 수 있다. 112신고에 따른 현장의 확인을 거부하는 것을 공식화 하거나, 이로 인한 부정적인 결과를 경찰관의 책임으로 전가하는 것은 민주주의의 원칙에 어긋나며, 공권력을 무시하는 결과이다. 이로 인한 피해는 정당한 신고를 한 선의를 가진 국민과 출동경찰관의 인권을 도외시하는 결과로 되돌아올 수도 있음을 잊지 말아야 한다.

경찰관의 현장 대응능력이 '공권력'이라는 이름으로 논란의 대상이 되지 않기 위해서는 경찰의 세밀한 공권력 집행도 중요하지만, 경찰의 공무집행에 적극 협조하는 사회적 인식도 필요한 시대가 되었다. 최근 교통법규 위반 범칙금을 부과하려는 경찰관과 시비를 벌이다 제압당하는 과정에서 상해를 입은 피해자에게 4억 원이 넘는 손해배상금액이 결정되었다[12].

물론 총기를 소지가 자유인 점도 있겠지만, 미국에서 교통법규 위반자는 경찰의 지시에 따라 차를 멈추고 두 손을 핸들 위에 잘 보이도록 얹어두고 묻는 말에 정확하게 대답을 하여야 한다. 하지만 현재의 한국에서 공권력 집행 현장의 사정은 너무나 큰 차이가 있을 뿐이다.

---

12) 아시아투데이(2018. 6. 4.) 공무집행 중 폭력피해 연 700명…김부겸 장관 "경찰·해경·소방관 인권 존중받아야"

업무상 정당한 공무집행이지만 '공권력'의 과도한 집행이라는 논란으로 거액의 손해배상 구상권을 청구당한 경찰에 대한 구제책도 마련되어야 한다. 정당한 공무집행으로 인한 물건의 파손에 대하여 국가나 지방자치단체의 배상이 정당하듯이 법령을 개정하여 정당한 업무수행으로 인한 손해배상액의 구상권을 대비할 필요가 있다고 사료된다. 현재 우리나라의 국가배상법은 공권력 또는 비권력적 공공행정작용 행사 시 과실책임주의에 입각하고 있다.

이에 대하여 2017년 국회 국정감사에서도 경찰관의 공권력 행사로 인한 인권침해나 부당 또는 과오 이외의 행사에 다른 소송으로 인한 배상 금액이 22억을 초과한 점에 대하여 개선대책 마련을 촉구하였다[13]. 이에 대하여 경찰의 정당한 공권력 행사에 대하여는 손실보상 범위를 개선하여 정당한 업무집행이 경찰관에게 과도한 경제적 부담이 되거나 신분상 불이익을 받지 않도록 하는 대책이 필요하다.

다시 한번 강조하지만 경찰력 등 국가공권력의 역할과 기본 사명은 국민일반(public at large)의 인권을 보호하고 치안을 유지하는 데 있다. 우리 사회의 시민 의식이 시대 변화에 발맞춰 균형을 되찾는 날이 오기를 기대해 본다.

---

13) 연합뉴스(2017.10.13.) '트위터 소환통보'…경찰 부당행위 국가소송 5년간 22억 배상
(https://www.yna.co.kr/view/AKR20171013093100004?input=1179m)

4-2 공권력과 인권 주류화

'인권주류화(mainstreaming human rights)' 개념은, 인권 관점이 정책의 모든 수준과 단계에서 실현된다는 의미를 지닌다. 주류화(mainstreaming)는 즉 인권의 가치가 단순한 기준을 넘어 구체적 지침이 되어야 한다는 뜻을 지닌다. 주류화는 정책 형성, 결정, 집행, 평가 과정을 아우른다. 예를 들어 젠더 주류화(gender mainstreaming)는 정책 결정과 이행의 모든 수준에서 젠더 관점을 반영한다는 뜻이다. 최근 정책, 제도, 연구에서 그 의미와 중요성이 높아지고 있다.

주류화 개념은 1985년 제3차 세계여성대회에서 처음 제시되었다. 주류화 개념은 또한 제4차 세계여성대회의 주요 공식 의제가 되었으며, 베이징 행동강령(Beijing platform for action)의 기반이 됐다. 1990년대 유럽연합에서 '젠더 주류화'는 주로 정책 결정과 서비스전달 과정에서 성평등 관점을 점검한다는 의미를 지녔다.

다음에서는 인권주류화 개념이 국제 사회에서 어떻게 적용·실현되고 있는지를 살펴보고자 한다. 1997년 코피 아난(Kofi Atta Annan, 1938년 4월 8일 ~ 2018년 8월 18일: 제7대 유엔 사무총장을 지낸 가나의 외교관, 정치인, 경제학자) 유엔 사무총장은 '인권'이 유엔의 모든 활동을 관통하는 공통분모라고 강조했다. 즉 그는 유엔의 모든 업무에 인권 이념을 적용해 인권 이념과 원칙이 현실화되도록 노력해야 한다는 점을 강조한 것이다.

유엔 인권최고대표사무소(The Office of the High Commissioner for Human Rights)는 유엔 총회, 안전보장이사회, 경제사회이사회를 비롯한 유엔 인권 기구들의 인권 분야 활동을 조정하고 지원하는 업무를 수행하면서 개발, 평화, 안전, 인도주의 과제를 포함한 모든 업무 영역에서 '인권'을 중심에 두고 있다고 분명하게 밝히고 있다.

유엔인권기구의 인권주류화의 원칙은 다음과 같다.

첫째, 모든 활동에서 인권 기준과 규범을 유엔의 핵심가치로 견지한다. 인권조약 기구, 모니터링 기구, 특별 절차와 보편적 정례 인권 검토 등 국제인권 체계에 체계적으로 기여해 인권 기준과 정책 권고안을 유엔개발프로그램과 관련 활동에 반영한다.

둘째, 새로운 개발 의제 목표가 국가 수준에서 채택될 때, 국제인권법 기준에 부합되도록 노력한다. 국가 이외의 민간 부문과의 협력에서도 '기업과 인권에 관한 유엔의 지도 원칙(guiding principles on business and human rights)'을 비롯한 규범적 기준의 이행을 위해 노력한다.

셋째, 빈곤·불평등 등 사회 갈등의 핵심에 놓인 모든 형태의 차별 철폐를 위해 정보 수집과 분석을 강화하고 그 근본 원인을 밝혀 해결 방안을 모색한다.

넷째, 모든 형태의 폭력·착취·학대 철폐를 위한 활동에서 젠더 기반 폭력에 최우선적으로 대처한다.

다섯째, 시민사회와 강력한 협력 관계를 구축한다. 시민사회의 참여 공간을 열어주는 역할을 담당해 시민 역량을 강화하고, 개발 정책과 프로그램에서 소외되고 역량을 발휘할 수 있는 기회가 박탈·배제된 집단의 참여를 지원해 인권옹호자로서의 유엔의 역할을 강화한다.

여섯째, 국가적·지역적·국제적 차원에서의 강력한 공적 책임성 체계를 지지하며, 인권 침해에 대한 구제를 위해 노력한다.

일곱째, 증거기반 점검과 보고로 국제 인권규범에 반하는 차별 문제의 원인과 실태를 투명하게 파악한다.

이에 유엔개발그룹(인권 실무 그룹)은 2015년 유엔 지속발전가능 목표의 실현에서 인권이 더욱 강조되고 인권 실현 책임이 강화되면서 유엔

내 인권주류화를 담당하고 있다.

　이때 주된 전략은 첫째, 유엔의 개발 관련 활동에서 인권 원칙과 국제 기준 통합 전반에 걸친 일관되고 체계화된 접근 방식을 증진한다. 둘째, 개발 계획이 시행되는 각국의 책임자와 유엔 파견팀에게 인권주류화 활동의 일관성과 체계화된 지도력을 제공한다. 셋째, 각국 정부의 요구에 따라 국가적 인권보장 체계 강화를 지원하는데, 국가적 인권 역량 강화(national capacity building)를 목표로 유엔 전반에 걸친 접근 방식을 제고한다. 넷째, 유엔의 개발 의제와 현안 전반에 걸쳐, 인권 현안과 통합적으로 추진하는데 기여한다.

　인권 이념과 기본 원리의 실현에 관한 책무, 제도는 이미 다수 제시되어 있다. 이런 상황에서 '주류화' 개념으로 인권 문제를 다루는 것이 어떤 의미가 있는지 반문할 수도 있다. 이것을 과연 전통적인 인권 정책과 구별해서 어떤 실익이 있는지 의문을 가질 수도 있다. 일반적으로 기존의 인권이행 체계는 시민에 대한 국가의 직접적 인권침해 방지에 더 효과적이지만 국가가 인권을 증진하고 적극적으로 실현하는데 미흡하다. 인권주류화는 따라서 인권 보장과 그 실현을 위한 노력을 강조한다. 예방적 선제 조치를 강조하면서 무엇이 인권 현안인지를 규정하고 어떻게 해결해야 할지를 판단하는 데 참여 폭을 넓히고 이를 정책 결정에 통합한다. 이때 강제보다 자율적 준수를 중시한다.

　인권주류화는 정부의 인권 침해를 방지하고 사후적으로 구제하는 인권 정책 수준에서 나아가 인권문화 향상에 적극적으로 기여하는 수준까지 발전해야 한다는 개념이다. 그 핵심 원리는 선제적·예방적 조치,

기존의 인권 제도 보완, 정책 결정 평가에의 참여 확대, 자율적 준수의 강조다.

전통적 인권 제도 안에서 국가(정부)는 시민에 대한 인권침해자이면서 인권침해로부터 시민을 보호할 인권 옹호 책임도 지는 이중적 지위에 놓여있다. 인권주류화 제도에서 국가(정부)는 인권 문화를 사회적으로 실현하는데 공공기관·시민사회·기업과 협력기반을 구축하는 인권 정책 조정자 역할로 발전할 수 있다.

정부는 스스로 인권 교육훈련과 인권 영향평가를 통해 자체적인 인권 역량을 강화할 수 있다. 그래야 국제사회에 대해서도 인권 증진 의제를 선제적으로 제시할 수 있다. 또한 민관 협력을 통해 새로운 인권 현안을 논의하고 정책과 법제를 정비할 수 있다. 인권주류화는 인권실현의 의무를 담당한 주체가 인권 기준을 더 잘 준수할 수 있도록 기존 체계를 보완하는 정책과 연결된다.

현대사회에서 인권이 삶의 모든 영역에 영향을 미치고 사회경제적 연관성이 커지기 때문에, 정책 과정에서 관련 당사자의 참여가 확대되어 보다 효과적이고 정당한 정책이 만들어져야 한다. 이에 더해 인권 취약 계층의 참여가 보장된다면 정책 결정, 집행에서 민주주의적 요소가 강화될 수 있을 것이다. 이런 측면에서 인권주류화 정책의 추진은 참여민주주의의 강화로 이어진다. 소수 정책결정자에 한정된 결정, 전문가 위주의 평가, 폐쇄적인 정책 결정 과정, 성과 위주의 평가만으로는 인권 증진이 어렵다.

인권주류화 정책은 예방적 인권 보장과 선제적 인권 증진에 중점을 두기 때문에, 특정한 인권 기준이 얼마나 정책과 부합하는지 점검하고 개선하는데 자율성이 확보되어야 한다. 즉 정책 논의 과정에의 참여를 확대하려면 자율성이 전제되어야 한다. 인권주류화 정책에 관한 업무 평가를 부과하면 역효과가 발생할 수도 있다. 만약 인권 영향평가를 기업에 적용한다면 기업 입장에서는 정부가 기업을 규제한다고 볼 수도 있을 것이다.

예를 들어, 법무행정 인권주류화 정책은 인권 영향 자율점검 시스템을 활용해 법무 정책, 법제의 사후 부작용 예방 능력을 제고하고, 인권 증진을 위한 법무행정 실현 체계를 구축함으로써 인권 증진 효과를 높이기 위해 노력한다. 이러한 정책을 구현하려면 인권주류화 운영체계를 구축, 법무부 내 인권 보장과 대외적 인권 실천이 필요하다. 법무행정과 관련해 관련 법령이나 정책을 입안할 때 인권을 기준으로 사전 점검하고 인권에 부정적 영향을 미치거나 침해가 최소화되도록 선제적으로 대응해야 한다. 즉 법무행정 인권주류화 정책은 인권주류화 운영체계를 갖추고 사전 점검, 자체 점검을 실시하면서 성별 영향평가 등 기존의 영향평가 체계와 성과 체계를 고려해야 한다. 이때 주의할 점은 평가의 1차적 목표가 인권역량 증진에 있지 평가 부담을 더하는데 있지 않다는 점이다. 만약 평가가 더해진다는 부담을 느끼면 인권주류화와 운영체계 본래의 취지가 퇴색될 수 있으며 형식적인 평가로 이어질 수 있기 때문이다.

법무 정책의 방향과 내용에 영향을 주는 요인으로는 국가 안보보장, 법치주의 수호, 범죄 방지, 선거 비리, 민생 침해, 부정부패와 같은 전통적 문제를 들 수 있다. 최근 사회적 약자, 외국인 등 취약 계층에 대한 대응이 늘어나고 있는데 이미 사회통합적 인권 체계 구축으로 범죄피해자 보호 지원 강화, 인권침해 신고 사건에 대한 신속한 구제, 여성·아동의 인권 강화, 인권 사각지대 해소 노력이 추진되고 있다. 우리 사회에서는 서민안전 범죄, 성폭력, 가정폭력, 학교폭력, 불량식품 등 사회악의 척결, 아동학대 대응 체계 완비 정책이 이미 시행되고 있다. 그리고 법무부 업무 보고에는 인권 주무 부처로서의 법무부의 역할, 형사절차상의 국민 인권 보호, 범죄피해자 및 사회적 약자 보호 지원 정책이 포함되어 있다.

단속과 엄단 위주의 정책 영역의 경우에는 인권주류화 관점에서 살펴볼 여지가 적다. 그렇지만 투명성과 공정성은 인권과 직접 연관된다는 점에서 의미가 크다. 국제 기준에 부합하는 인권정책 추진, 수사 관행 변화에 따른 인권 보호 강화, 수사 과정에서 사건관계인의 인권 보호 증진 등도 인권주류화 정책과 무관하지 않다. 수사 과정의 인권감독 기능 강화, 인권감독관 활용, 잘못된 수사 관행 개선이 그 구체적 내용이라고 할 수 있다. 특히, 수사 과정에서 사건관계인의 인권 보호 증진을 위해 출석·면담·조사 등 모든 과정에서 피조사자 배려, 변호인의 수사 과정 참여권 확대 등이 그 내용에 포함된다고 하겠다.

다른 한편 인권주류화 정책의 한계도 있다. 인권주류화 정책이 인권 보호에 얼마나 기여하는지의 여부는 인권이행 의무를 얼마나 명확하게 정하는지에 달려 있다. 인권주류화 개념 자체가 소극적 인권 보호를 넘어 적극적 인권보장을 지향하기에 그 자체만으로 정부가 비용이나 노력과 같은 형태의 부담을 느낄 수 있다. 인권주류화 접근은 자율 점검이 특징인데 이는 전통적 인권 수호 방식을 다소 우회하는 것으로 인권 보장이 자칫 완화된 형태로 나타날 수도 있다. 인권주류화 정책의 이행 수단에는 영향평가 제도화가 포함된다. 기본적으로 영향평가는 법안이나 정책이 증거에 더 기반하도록 그리고 더 투명하게 하는데 목적이 있다. 그런데 인권 영향평가의 실익을 단기간에 기대하기는 어렵다. 일단 정부 내부에서 교육 훈련이 더 필요하고 정기적 점검이 가능한지도 생각해야 한다.

인권 영향평가는 실태 파악이나 연구 조사에 목적이 있는 것이 아니라 정책결정자가 현안을 파악하고 문제점에 대비하는데 활용할 수 있는 자료 구축에 그 목적이 있다. 인권 영향평가는 정책 논쟁에의 참여 유도를 전제하고 있지만, 동시에 이해관계자들이 이를 영향력 행사에 이용할 수 있다는 우려도 있다.

이와 관련하여 참여를 충분히 할 수 있는 시민단체가 부족하면 형식화될 수도 있다. 반면 참여를 많이 할 수 있는 시민단체와 그렇지 않은 단체의 격차도 고민해야 한다. 이익집단의 경우에는 사회구성원을 폭넓게 대변할 수 없기에 일반 시민이나 취약계층의 관점을 대표하기도 어렵다. 참여 절차와 대상이 지나치게 확대되면 참여자 모두 지칠 수도 있다(지지부진한 진행, 수많은 의견을 청취할 때 느끼는 피로감 등).

인권주류화 정책의 실현에서는 정부 공무원의 인식과 문화가 관건이다. 업무 우선순위나 위험 회피와 같은 현실적 문제에 더해 집단 이기주의와 집단책임 문제도 야기될 수 있다. 인권주류화 정책에서 기대할 수 있는 긍정적 효과는 공무원 조직의 문화까지 인권친화적으로 바꾸는데 있다. 그러나 공무원 조직도 단일 성격을 가진 집단이 아니다. 어떤 공무원은 그것을 잘 수용할 수 있지만, 그 반대의 경우도 있기 때문이다.

4-3 인권 보호를 위한 공권력 행사기관의 제도적 장치들

국가 공권력의 핵심적 기능은 공공의 안녕과 질서를 유지하면서 국민의 생명과 재산을 보호하는 데 있다. 우리 사회에서는 기본적으로 경찰이 이러한 기능을 담당한다.

공공의 안녕과 질서를 유지하는 공권력의 기능은 필연적으로 인권과 부딪치게 된다. 공안 질서의 유지를 위해서는 부득이하게 국민 개개인의 인권을 억제·유보해야 할 상황에 처할 수도 있기 때문이다. 우리 사회에서 경찰이 인권 탄압의 주된 주체로 비판받는 이유가 여기에 있다. 그러나 관점을 달리해서 보면, 공권력이 국민 개개인의 인권을 억제·유보하는 것은 바로 국민 대다수의 인권을 보호하기 위해서라고 할 수 있다.

경찰은 공공의 안녕과 질서를 유지하면서 다른 한편 국민의 생명과 재산을 보호하는 상호 모순되는 이중적 기능을 수행한다. 다시 말하면, 국가 공권력이 국민의 인권을 유보하는 그 자체가 국민 개개인의 인권을 수호하려는 조치라고 할 수 있다. 그러나 겉보기에 인권 침해적 활동을 동반하는 경찰의 공권력 행사는 인권 보호 논리와 모순돼 보인다.

경찰 업무는 기본적으로 법 집행과 인권 침해 사이에서 진동(振動)하고 있다. 아무리 적법한 공권력을 집행한다고 해도 경찰관은 시민과 대치하는 존재로 인식되는 이유가 여기에 있다.

오늘날 경찰은 거의 모든 집회 시위 업무와 각종 정보 수집 업무를 맡고 있기에 시민의 시각에서는 정권에서 시키는 대로 하는 존재라고 오해받기가 쉽다. 그 가운데 경찰의 인권 침해의 쟁점은 주로 범죄 수사, 시위진압 과정에서 발생한다. 특히, 수사 인권 침해에 관한 쟁점은 보편적인 주제다. 시민사회의 요구와 공권력의 인권 보호 사이에는 큰 괴리가 남아 있다. 그것은 수많은 인권 침해 진정 사례에서 찾을 수 있다. 경찰이 사회 약자를 대하는 경우에는 특히 세심하게 배려하기가 쉽지 않다(한희원 : 151-153).

인권을 제고하기 위해서는 경찰 직무 수행과 관련된 법과 제도를 정교하게 규정할 필요가 있다. 특히, 공권력 행사 관련 매뉴얼을 정교하게 다듬어야 할 필요가 있다. 물론 공권력이 행사되는 현장에서는 예측이 쉽지 않고 가변적인 상황이 많아 매뉴얼만으로 모든 문제가 해결될 수 있는 것은 아니다. 매뉴얼은 범례적 타당성만을 제시할 뿐이다. 그렇다고 매뉴얼 보강 작업을 소홀히 해서는 아니 된다. 언론이 공무 집행 과정에서의 인권 침해 여부를 문제 삼을 경우, 변명할 방법은 그것밖에 없기 때문이다.

경찰청은 직무 집행 과정에서 발생할 수 있는 주요 문제점별 대응 기준을 수시로 마련하고 있다. 물리력 행사 과정에서 경찰관은 대치하는 범인이 폭력적 공격을 행사하면 그 위해성 수준에 따라 무기를 사용할 수도 있다. 경찰청이 최근 마련한 기준에 따르면 경찰관은 현장에서 위해성 수준을 순응, 소극 저항, 적극 저항, 폭력적 공격, 치명적 공격의 5단계로 나누어 각 상황에 맞게 대응할 수 있도록 하고 있다. 신체적 위해가 가해지는 4~5단계부터 경찰관은 무기를 사용할 수 있다. 그러나 경찰관이 무기를 사용하게 되면 상황에 적합한 사용보고서를 작성하도록 하고 있다.

문제는 지나치게 소극적으로 대응하고자 하는 일선 경찰관들의 방어적 자기검열 분위기 때문에 공권력이 제대로 행사되지 않는다는 점이다. 비난이 따르거나 고액의 구상권 등이 발생하는 문제 발생의 소지가 없는 원만한 사건 처리를 바라는 현실이다. 이러한 분위기에서 공권력이 설 자리는 좁아지게 마련이다. 공권력이 제대로 행사되지 않음으로 인해 발생하는 피해는 선량한 시민들에게 고스란히 돌아가게 마련이다.

경찰의 물리력 행사 기준에 대해서는 물론 찬반양론이 갈리고 있다. 찬성 측은 평화로운 집회와 시위를 보장하는 것은 필요하지만 불법 행위에는 엄정하게 대처해야 한다는 입장이다. 그 반대 측은 일제 강점기 시절 일본 경찰의 어두운 전통을 물려받았을 뿐 아니라, 한국동란 시기와 권위주의 정권 시절 공권력 남용 경험을 지닌 한국 경찰의 입장에서는 강력한 대처를 하기 어렵다는 입장을 강조한다.

2017년 국제앰네스티는 한국 경찰에 대해 집회 시위 현장에서 폭력적으로 행동하는 사람과 평화적으로 행동하는 사람을 구분해 대처해야 한다고 말한 바 있다. 폭력적인 군중은 격리할 수 있지만, 평화적인 집회는 보장되어야 하고 해산 대상이 되어서는 안 된다고 덧붙이면서 물리력 사용에 대해서는 목적 달성, 필요 최소한, 최단시간 사용, 위해의 최소화를 요구했다.

그리고 경찰청 지휘부에 대해서는 집회에 대응하는 모든 법 집행 공무원의 임무가 평화적 집회의 촉진에 있지, 그 제한에 있는 것이 아니라는 명확한 메시지를 전달할 것을 권고했다. 다시 말하면 집회 촉진의 개념에 바탕을 두어 처음부터 폭력과 물리력 사용을 예상하는 식의 접근을 하지 않도록 보장할 것을 요구하였다. 아울러 집회에 관여하는 모든 법 집행 공무원들에게 이 점을 명확히 이해시키는 동시에, 집회 대응에서 사용하는 전술이 소통·협상·참여에 기반을 두고 긴장 완화 전술에 강조점을 두도록 보장할 것을 주문했다.

시위 현장에서는 서로를 적대시하는 것이 아닌 '대화와 타협'으로 서로의 목적을 달성하는 인내가 필요하다. 공권력을 집행하는 공직자가 법과 원칙을 어기게 된다면 당연히 문제가 되겠지만, 공권력 집행 과정에서 생긴 모든 문제점과 불편을 공권력을 집행하는 공직자에게 고스란히 떠넘기게 된다면 그것은 또 다른 형태의 인권 침해라고 할 수 있다.

경찰의 공권력 행사의 문제점에 대한 인식 조사 결과를 보면, 그동안 인권 제고를 위한 경찰의 노력이 없었던 것은 아니나 아직도 여러 측면에서 유의할 사항이 적지 않음을 알 수 있다.

첫째, 공권력 행사와 관련된 경찰의 이미지가 과거 '순사'나 '정치의 하수인'이라는 인식에서 상당히 탈피했다. 둘째, 공권력 집행 과정에서 절차적 정당성이 결여된 경험이 있을 때 경찰은 불신을 받는다. 셋째, 경찰 공권력 행사의 문제점의 하나로 열악한 직무 환경이 지적되기도 한다. 넷째, 일반인이 경찰 활동에 대해 더 잘 알 수 있을 경우, 경찰과 일반인의 인식 차이를 줄이는 계기가 된다(이유미·황의갑, 2010: 110-111).

인권과 관련된 경찰 혁신의 출발은 주권 국가의 목적과 인권 개념을 이해하는 데서 출발한다. 이를 이해하는 출발점은 보편적인 국제인권 원칙과 어느 정도 부합되는지와 관련된다. 국가 탄생 목적에 따르면, 주권 국가의 각종 법령은 일반 시민의 권리와 의무를 강제하는 것일 수도 있지만, 실질적으로 인권 친화적이기도 하다. 제2차 세계대전 이후 국제연합헌장에 인권이라는 단어가 등장하고 인권 협약은 모든 주권 국가 경찰 업무와 연결된다(한희원: 155).

경찰 인권 문화 개선의 출발점은 교육이다. 미국은 일부 경찰관의 잘못된 행동이 있을 경우, 다양한 조사위원회를 개최하고 다수의 교육을 시행한다. 이 경우 대부분의 경찰관공무원이 의무적으로 인권 교육 훈련을 받고 있다. 인간 존엄성에 대한 경찰교육 프로그램에서는 경찰이 사회의 일부분이고 경찰과 사회는 상호의존적이라는 사실을 강조한다. 교육 과정은 윤리적·철학적 문제와 더불어 감정적 영역까지 다루고 있다. 이에는 지역사회와의 대화, 경찰조직의 가치 구축, 명확한 규정에 따른 시행 등이 포함된다(한희원: 163-164). 인권 관련 상황에서 경찰은 다양한 차원의 인권감수성을 다루고 있는 바, 인권감수성과 관련해서는 피의자 인권, 수형자 인권 등 실질적 처우나 문제점에 대한 논의가 많다. 경찰관이 인지하고 있는 인권 의식과 인권감수성 연구는 그 영역이 점차 확대되는 추세를 보인다(김성섭, 2019).

법률적 측면에서도 인권 보호 노력을 살펴볼 수 있다. 2011년부터 시행된 인권침해 사건 조사·처리 및 구금·보호시설의 실태조사에 관한 규칙은 법무행정 관련 인권침해 사건에 대한 정보 수집, 조사·처리, 구제 업무 처리 및 법무부 소속 구금·보호 시설의 실태 조사에 필요한 사항을 규정해 인권의 보호·향상에 이바지하고 있다.

　이 규칙에서 법무행정 관련 인권 침해는 법무부와 그 소속 기관 및 검찰청 소속 공무원의 업무수행 과정(교정·보호·출입국·수사 등을 말한다)에서 발생하는 인권침해 행위를 가리킨다. 조사담당자는, 업무 수행의 기본원칙에서 그 직무를 수행하면서 알게 된 비밀을 정당한 사유 없이 누설하거나 다른 목적으로 사용하면 안 되며, 진정인·피해자·피진정인 및 관계인의 인권을 존중해야 한다. 조사담당자는 또한 진정인 등에게 법령을 공정하게 적용하고, 적법 절차를 지키며, 피진정인이 소속된 기관의 장이나 진정인 등의 의견을 충분히 수렴해야 한다. 조사담당자는 사건을 접수할 때부터 종결할 때까지 진정인 등에게 사건의 처리 과정과 결과를 친절하게 안내하고 설명, 진정인 등이 이해하고 납득할 수 있도록 성실하게 노력해야 한다. 그리고 여성·외국인·청소년이 피해자인 법무행정 관련 인권침해 사건의 접수·조사·처리를 전담하거나 여성·외국인·청소년이 수용된 법무부 소속 구금·보호 시설의 실태 조사를 전담할 조사 요원을 확보하는 등 인권 보호에 최선을 다해야 한다.

　2017년부터 시행된 집회 및 시위에 관한 법률(약칭: 집시법)은 적법한 집회(集會) 및 시위(示威)를 최대한 보장하고 위법한 시위로부터 국민을 보호하고, 집회 및 시위의 권리 보장과 공공의 안녕질서가 적절히 조화를 이루도록 하는 것을 목적으로 한다. 누구든지 폭행, 협박, 그 밖의 방법으로 평화적인 집회 또는 시위를 방해하거나 질서를 문란하게 하면 아니 된다. 또한 누구든지 폭행, 협박, 그 밖의 방법으로 집회 또는 시위의 주최자나 질서유지인의 임무 수행을 방해하면 아니 된다. 집회 또는 시위의 주최자는 평화적인 집회 또는 시위가 방해받을 염려가 있다고 인정되면 관할 경찰관서에 그 사실을 알려 보호를 요청할 수 있다. 이 경우 관할 경찰관서장은 정당한 사유 없이 보호 요청을 거절하면 안 된다.

집회 및 시위에 관한 법률 시행령에 따르면 시위 방법은 시위의 대형, 차량, 확성기, 입간판, 그 밖에 주장을 표시한 시설물의 이용 여부와 그 수, 구호 제창 여부, 진로(출발지, 경유지, 중간 행사지, 도착지 등), 약도(시위행진의 진행 방향을 도면으로 표시한 것), 차도·보도·교차로의 통행 방법, 그 밖에 시위 방법과 관련되는 사항을 포함한다.

한편 2016년 시행된 인권보호를 위한 수사공보 준칙은 형사사건에 대한 공보와 관련하여 검사 등 검찰공무원과 법무부 소속 공무원이 준수해야 할 사항과 인권보호조치 등을 명확히 규정해 피의자·참고인 등 사건관계인의 인권, 수사의 공정성 및 무죄추정의 원칙과 국민의 알권리가 조화되는 선진적인 수사공보 제도의 확립을 목적으로 하고 있다. 이 준칙은 수사 또는 내사 중이거나 이를 종결한 범죄 사건에 대하여 수사 또는 내사를 착수한 때부터 재판에 의하여 확정될 때까지 적용된다. 다만, 수사 또는 내사 착수 이전이라도 그 공개 또는 언론 보도와 관련하여 사건관계인의 인권을 침해할 우려가 있는 사건에 대하여는 이 준칙을 적용한다.

수사 사건과 관련하여서는 이 준칙이 정하는 바에 의하여 공보하는 경우를 제외하고는 그 내용을 공표하거나 그 밖의 방법으로 공개할 수 없다. 수사 및 공보 업무 종사자는 수사 사건의 공보 과정에서 사건관계인의 명예와 사생활 등 인권이 침해되지 않도록 노력하여야 한다.

검사는 사법경찰관리에 의한 수사 사건의 공보와 관련하여 사건관계인의 인권이 침해되거나 수사 또는 재판에 영향을 미칠 우려가 있다고 판단되는 경우 그 시정을 위한 적절한 조치를 취하여야 한다. 이 준칙에서 정하는 수사 사건의 공보 및 인권보호조치 등과 관련하여 합리적 이유 없이 성별, 종교, 나이, 장애, 사회적 신분, 출신 지역, 인종, 국적, 정치적 의견 등을 이유로 차별하여서는 아니 된다. 이 준칙은 사건관계인의 명예나 사생활 등 인권과 공정한 재판을 받을 권리, 국민의 알 권리, 수사의 효율성 및 공정성이 균형을 이루도록 해석되어야 하고 국민의 알권리 등을 이유로 사건관계인의 인권이 부당하게 침해되지 않도록 유의하여야 한다.

공소제기 전의 수사 사건에 대하여는 혐의 사실 및 수사 상황을 비롯하여 그 내용 일체를 공개하여서는 아니 된다. 수사 또는 내사가 종결되어 불기소하거나 입건 이외의 내사 종결의 종국 처분을 한 사건은 공소제기 전의 수사 사건으로 본다. 수사 사건을 공보하는데 목적 달성에 필요한 최소한의 사항만을 정확하게 공개하여야 하고 사건관계인의 명예 등 인권을 침해하거나 수사에 지장을 주지 아니하도록 유의하여야 한다. 객관적으로 확인된 사실에 한정하여, 주관적 가치 평가가 언급되지 않도록 한다. 유죄를 속단하게 할 우려가 있거나 추측 또는 예단을 일으킬 우려가 있는 표현은 사용하지 아니하여야 한다.

혐의 사실을 공개할 때에는 무죄추정의 원칙을 반영하여 재판에 의하여 확정된 사실이 아니라는 취지를 공보의 서두에 명시하여야 한다. 수사 사건을 공보함에 있어 이를 다루는 언론사에 균등한 보도의 기회를 제공하도록 노력하여야 한다. 사건관계인을 공개하는 때에는 영문 알파벳 대문자를 이용하여 "A○○", "B○○"와 같이 성명을 표기하되, 실명을 추단할 수 있는 표현을 함께 사용하여서는 아니 된다. 사건관계인을 특정하는 데 필요하다면 나이 및 직업을 공개할 수 있고 그 방법은 다음 내용에 따라 시행한다. 수사 사건과 관련이 있는 기관 또는 기업에 대하여도 익명을 사용한다. 사건관계인의 초상권 보호를 위하여 소환, 조사, 압수수색, 체포, 구속 등 일체의 수사 과정에 대하여 언론이나 그 밖의 제3자의 촬영·녹화·중계방송을 허용하면 안 된다. 사건관계인이 원하지 않는 경우에는 언론이나 그 밖의 제3자와 면담 등 접촉을 하게 하여서는 아니 되며, 언론 등과의 접촉을 권유 또는 유도하여서는 아니 된다.

경찰만이 아니라 검찰도 법률을 적용하는 중요한 임무를 맡고 있으며 과거 수사를 지휘하고 독점하는 권한을 가지고 있었기 때문에 공권력이 얼마나 잘 실현되는지를 알아보는 척도가 될 수 있다고 할 수 있다. 검찰은 형벌권에 기초한 법률 집행과 적용 기관이며 군대가 외부로부터의 공격을 막는 역할을 맡고 있다면 검찰은 내부로부터의 공격을 방지하는 역할을 담당하고 있다고 볼 수 있다(대검찰청 홈페이지, 2020).

검찰총장 및 각급 검찰청의 장은 초상권 보호 조치를 해야 하며 체포·구속영장의 집행 및 구속 전 피의자 심문 과정에서 피의자가 검찰청 내외에서 촬영·녹화·중계방송을 통하여 언론에 노출되지 않도록 법원과의 협조체계 구축 등 적절한 조치를 취하여야 한다. 교도소·소년교도소·구치소 또는 그 지소의 장은 체포·구속영장의 집행, 구속적부심 및 검찰·법원의 소환에 따른 계호 과정에서 피의자 및 피고인이 촬영·녹화·중계방송을 통하여 언론에 노출되지 않도록 적절한 조치를 취하여야 한다.

2018년 시행된 인권보호 수사 준칙은 수사 과정에서 모든 사건관계인의 인권을 보호하고 적법 절차를 확립하기 위하여 검사를 비롯한 수사 업무 종사자가 지켜야 할 기본 준칙을 정함을 목적으로 한다. 검사는 피의자 등 사건관계인의 인권을 존중하고 적법 절차를 지켜 사법정의가 실현되도록 노력하여야 한다. 어떠한 경우에도 피의자 등 사건관계인에게 고문 등 가혹행위를 하면 안 되며 검사는 가혹행위로 임의성을 인정하기 어려운 자백을 증거로 사용하여서는 아니 된다. 진술거부권을 고지받지 못하거나 변호인과 접견·교통이 제한된 상태에서 한 자백도 이와 같다. 합리적 이유 없이 피의자 등 사건관계인의 성별, 종교, 나이, 장애, 사회적 신분, 출신지역, 인종, 국적, 외모 등 신체조건, 병력(病歷), 혼인 여부, 정치적 의견 및 성적(性的) 지향 등을 이유로 차별하여서는 아니 된다.

검사는 객관적 입장에서 공정하게 수사하여야 하고, 주어진 권한을 자의적으로 행사하거나 남용하여서는 아니 된다. 검사는 사건관계인과 친족이거나 친분이 있는 등 수사의 공정성을 의심받을 염려가 있는 경우에는 사건의 재배당을 요청하거나 소속 상급자에게 보고하는 등 필요한 조치를 취하여야 한다. 검사는 수사의 전 과정에서 피의자 등 사건관계인의 사생활의 비밀을 보호하고 그들의 명예나 신용이 노출·훼손되지 않도록 노력하여야 한다. 검사는 수사 과정에서 원칙적으로 임의수사를 활용하고, 강제수사는 필요한 경우에 한하여 법이 정한 바에 따라 최소한의 범위에서 한다. 강제수사가 필요한 경우에도 대상자의 권익침해의 정도가 더 낮은 수사 절차와 방법을 강구한다.

검사는 사법경찰관리의 수사 과정에서 발생하는 인권침해 여부를 자세히 살펴 그러한 사례가 있는 경우에는 즉시 이를 바로잡게 하는 등 필요한 조치를 취하여야 한다. 검사는 사법경찰관리가 불공정한 수사를 한다고 의심되는 경우에는 이를 바로잡게 하거나 송치 명령을 하는 등 필요한 조치를 취하여야 한다. 검찰수사관이나 그 밖에 검사 외의 수사업무 종사자는 이 훈령에서 검사의 의무로 규정한 사항이라 하더라도 그 내용이 자신의 직무와 관련이 있는 경우에는 이를 지켜야 한다.

검찰청에서는 인간의 존엄과 가치에 대한 이해도를 높이고 인권 감수성을 제고하기 위하여 검사를 비롯한 수사업무 종사자에 대하여 6개월마다 1회 이상 인권교육을 실시하여야 한다. 법무연수원, 대검찰청 등에서 인권보호관 등을 대상으로 교육을 하는 경우 인권에 관한 특별 교육을 실시하여야 한다. 언론보도, 익명이나 가공인물의 신고·제보, 풍문 등으로 범죄 정보를 입수하였을 때에는 그 신빙성 유무를 신중하게 검토하여 내사·수사의 착수 여부를 결정하여야 한다. 신고·제보에 의하여 내사·수사에 착수하려고 할 때 신고자·제보자와 피내사자·피의자의 관계, 신고·제보의 동기 등을 면밀히 살펴 그 신빙성 유무를 판단하여야 한다. 범죄정보 자체의 신빙성이 없거나 명백히 내사·수사의 가치가 없는 정보에 의하여 내사·수사를 진행하여서는 아니 된다. 내사·수사한 결과 범죄혐의가 없다고 인정되면 내사·수사를 신속히 종결함으로써 피내사자·피의자가 불안정한 지위에서 벗어날 수 있도록 하여야 한다.

경찰, 검찰과 더불어 수형자를 통제하는 교정 영역은 공권력이 개인에게 가장 강력하게 영향을 준다. 법을 어긴 사람을 가두는 곳이므로 신체의 자유를 제한하는 가장 강한 공권력을 행사하는 기관이 바로 교정(矯正) 시설이다. 한국은 법무부 교정본부에서 수형자에게 교육, 교화활동, 직업 훈련 등을 실시하고 있다. 수형자가 출소 후 사회에서 성공적으로 정착할 수 있도록 각종 사회복귀 프로그램 정책을 수립, 일선 교정 시설에서 시행할 수 있도록 지원과 관리·감독을 하는 곳이다(교정본부 홈페이지, 2020). 교정 기관은 세계 어디서나 인권 문제를 가장 민감하게 여기는 곳이며 석방 운동 등과 같이 많은 사람의 이목이 집중되는 공권력의 현장이다.

2019년 시행된 '수용자 인권업무 처리 지침'은 교정 시설의 피수용자가 국가인권위원회 및 법무부 인권국에 제기하는 진정 등에 관한 업무 처리의 세부 사항을 규정하고 있다. 교정 시설 수용자가 위원회 등에 제기하는 진정 등 인권 업무의 처리는 다른 지침에 별도의 규정이 있는 경우를 제외하고는 이 지침이 정하는 바에 따른다. 또한 청원을 활용할 수도 있는데 자신의 처우에 불복하는 경우 법무부장관, 순회점검 공무원, 관할 지방교정청장에게 권리 구제를 요청할 수 있다. 청원은 청원서를 작성하여 봉한 후 제출하며 순회점검 공무원에게는 구두로도 할 수 있다(교정본부 홈페이지, 2020).

  범죄는 위법 행위 때문에 처벌받는 행동을 말한다. 범죄의 구성 요건에 해당하는 위법·유책 행위로 정의되기도 한다. 범죄는 또한 법익을 침해하는 행위로 규정되기도 한다. 사회학에서는 형법에서 정한 범죄를 '일탈'이라고 표현한다. 일탈은 흔히 공동체나 사회에서 보편적으로 인정되는 규범에 따라 승인되지 않는 행위를 말한다. 일탈의 범위는 형법에서 말하는 범죄보다 넓어서 공동체에서 통용되는 모든 규범에 대한 침해를 의미한다. 일정한 일탈 행위를 형식적 의미의 범죄로 법률에 규정할 것인지의 여부는 형사정책의 핵심에 해당된다. 피해자에 관한 논의의 다양성만큼 범죄 개념도 다양하게 정의될 수밖에 없다.

  범죄피해자의 어원은 라틴어 'Victim'이다. 'Victim'은 서로 다른 두 가지의 의미를 포함하고 있다. 그 하나는 종교적 양식의 제물로 바쳐진 대상을 의미하며, 다른 하나는 타인의 행위에 따라 침해받거나 파괴된 인간, 조직, 도덕을 의미한다.

  'Victim'의 두 번째 의미 즉 '범죄피해자'는 "범죄행위로 해를 당한 사람" 또는 "특정한 사람에게 해를 입은 사람"을 지칭한다. 그러나 범죄피해자 개념은 법률 규정마다 목적에 따라 그 범위에 차이가 난다. 피해자에는 자연인뿐만 아니라 법인, 권리능력 없는 사단 또는 재단도 포함된다. 피해자를 어느 범위까지 포함할 것인지, 직접적인 범죄피해자만으로 한정할 것인지 또는 그 이외의 피해자까지 포함할 것인지는 중요한 논의대상이 된다.

우리 사회에서도 1980년대부터 범죄피해자에 대한 관심이 생기기 시작했고 범죄피해자 보호는 법학 연구 분야에서 중요한 과제가 되고 있다. 범죄피해자에 대한 관심은 범죄피해자 인권보호 문제에 대한 논의가 본격적으로 시작되고 세계적으로 범죄피해자 보호 규정을 제정하게 되면서 더 커지게 되었다. 우리 사회에서도 다양한 규정을 신설, 개정해 종전의 형사소송법에서보다 범죄피해자의 지위가 크게 높아졌다. 형사사법이 고도로 조직화·복잡화되면서 범죄피해자에게 소원해지면 형사 절차 불신 가중, 비협조에 따른 문제가 발생하게 된다.

범죄피해자와 관련된 법은 헌법, 형사소송법을 비롯해 관련 법률에 정해져 있다. 형법상 규정된 범죄개념은 형사 절차 진행 여부를 결정하는 요소가 된다. 범죄가 있으면 항상 피해자가 있게 마련인 바, 일반적으로 가해자와 피해자의 상호관계가 복잡하게 얽혀 있다. 일반적으로 피해자에게는 육체적·경제적·정신적 피해를 중심으로 치료비의 부담과 실직에 따른 수입 감소 등 추가적 피해가 일어나며, 이는 공포, 슬픔 등 치유하기 어려운 정신적 피해로 이어지게 마련이다.

사회에서 자주 접할 수 있는 각종 범죄 피해는 독특한 성격을 담고 있으며 발생 과정도 다양하다. 그러나 다양한 범죄 피해를 명확하게 이해하려면 어느 범죄 피해에서나 보편적으로 사용될 수 있는 정의가 필요하다. 피해 범위를 범죄를 비롯한 위법행위, 사회적 일탈 행위에 따른 피해로 한정할 것인지 아니면 그 원인을 불문하고 사회생활에서 발생하는 일체의 피해를 모두 포괄할 것인지의 여부가 우선 결정되어야 한다.

범죄피해는 1차 피해와 2차 피해로 구분할 수 있다. 1차 피해는 개인이나 집단이 범죄 또는 위법행위 등으로 직접적으로 입게 되는 피해를 말한다. 2차 피해는 범죄 피해자에 대한 형사 사법 기관 안에서 이해심 부족으로 생기는 경우가 대부분이다. 그 처리 과정에 따라 범죄피해자는 극도의 스트레스에 빠진다.

1차 피해와 달리 2차 피해는 형사 사법 기관이 피해자를 부당하게 취급하거나 미흡하게 보호하면서 일어난다. 수사 재판 절차에서 피해당사자는 적극적으로 의견을 진술할 권리, 가해자에 대한 수사 재판 정보를 제공 받을 권리, 신변을 보호받을 권리, 피해를 회복 받을 권리 등을 요구할 수 있다. 따라서 형사절차에서 범죄피해자에 대한 배려도 이루어져야 한다.

만약 피해자가 타인의 책망, 비난을 받게 되면 범죄에 따른 직접 피해만큼 상처를 받는다. 수사기관이나 재판기관이 지극히 정상적·합리적으로 사건을 처리하더라도 피해 상황 진술 등을 거치면서 더욱 커다란 상처를 받을 수 있다. 수사기관의 고압적 태도, 피해자에게도 잘못이 있다고 암시하는 경우, 형사 사법 기관의 업무 편의적 처리, 변호인의 신문에 대한 답변과 신원 노출에 따른 보복 우려 등이 제기될 수 있다.

피해자 인권보호는 형사 사법 과정에서 적극적으로 역할을 할 수 있는 권리, 정보 접근에 대한 권리, 피해 배상 보상에 대한 권리, 처우 보호조치에 대한 권리와 같은 형태로 의료·경제·정서적·실질적 지원에 대한 권리 네 가지로 나타난다.

현행법상 특정범죄 피해자만을 대상으로 보복 방지 조치를 하고 있으나 근래의 보복 사건을 보면 중범죄 피해자에게만 발생하는 것은 아니기에 보호 대상자 범위를 확대할 필요가 있다. 또한 권리 보호와 관련해 신변 보호 조치, 증인신문 시 신원 은닉, 피고인 측 증인과 증인 대기실 분리 등의 방안이 확보되어야 한다. 현행 헌법은 타인의 범죄행위로 생명·신체에 피해를 본 국민은 법률상 국가로부터 구조를 받을 권리를 가지는 것으로 규정하고 있다.

인간다운 생활을 할 수 있는 권리와 생존권 보장에 대한 의무가 있으므로 국가는 피해자 보호에 한층 더 노력해야 한다. 기본권은 헌법이 보장하는 국민의 천부적 기본권이다. 그러한 기본권에는 정치·경제·사회권 등 일체의 권리가 포함되어 있다. 모든 차원의 인권은 헌법에 기본권으로 규정되어 있기 때문에 국가 존립과 정당성의 근거를 인권 보호에서 찾을 수 있다. 인권은 천부인권에 기초해 다소 추상적·이념적 성격을 지니지만 실정법에 규정된 기본권은 인권보다 구체적, 현실적이다. 각 국가의 역사와 맥락을 반영한 기본권의 모습은 국가마다 다를 수도 있을 것이다. 그러나 인간의 삶에서 근본적인 사항은 서로 비슷한 점이 많기에, 인권과 기본권을 별도로 이해할 필요는 없을 것이다.

CHAPTER 6

인권을 침해하는 여러 사회 제도들

1. 종교 권력과 인권

 인류 역사에서 인권은 국가 공권력을 포함해서 노예 제도 등에 의해 엄청난 고통을 받았다. 그런데 역사적으로 볼 때 종교 권력이 인권을 침해한 경우도 적지 않았다는 점에서 오늘날의 종교의 역할과 큰 차이를 보인다고 하겠다. 특히, 종교 권력이 국가의 세속 권력과 결탁할 때 그러한 현상은 두드러졌다.
 인권은 인간사회의 역사적 산물인데 국가 공권력과 종교 권력으로부터 많은 핍박을 받았다. 특히 수천 년간 서양의 중세 사회를 비롯한 여러 문명에서 종교 권력이 인간을 억압하는 모습은 어렵지 않게 찾을 수 있다. 종교 선택의 자유는 애초부터 없었을 뿐 아니라, 어떤 경우는 특정 종교에 저항하다가 '마녀'로 몰려 처형당하는 일이 비일비재했다. 갈릴레오 갈릴레이(Galileo Galilei)가 지동설을 주장하다가 종교 재판을 받은 일화는 유명하다.

유엔의 세계 인권선언이 '종교의 자유'를 명시하고 있는 이유가 바로 여기에 있다. 그러나 근대 사회에 이르러서까지도 종교 권력이 세속 권력까지 장악하고 영향력을 행사했다는 점에서 인권 탄압에 행사된 종교는 하나의 공권력이었고 심지어 왕권에 영향을 주기까지 했다. 절대 왕정이 엄연히 존재했던 시기에 종교가 왕정에까지 영향을 미칠 수 있었으니, 요즘 말하는 인권은 운위할 수조차 없었다고 하겠다.

종교는 일종의 문화 체계다. 특정한 종교의 교리는 때때로 폭력적 형태를 지니기도 한다. 중세 서구 사회에 만연했던 마녀사냥이 대표적인 사례에 속한다. 그것은 중세 시대의 가장 비극적인 역사였는데 이는 구교와 신교를 가리지 않고 자행되었다. 비인간적인 마녀사냥을 주도한 것은 무지몽매한 백성이 아니라 귀족과 사제와 같은 당시의 지배 계층이었다.

중세 당시 유럽 전역에서 셀 수 없이 수많은 사람들이 종교의 이름으로 처형되었다. 실제 처형당한 사람 가운데는 죄가 없어도 자신을 표현할 권리가 없었던 사람이 적지 않았다. 이 당시 유럽의 가부장제를 지키기 위해 죄 없는 여성들이 희생양이 되기도 했다. 남성 지배 집단의 구성원들은 그들의 권위에 도전하거나 도전의 위험이 있는 여성들을 임의대로 처형하고 괴롭혔다. 일단 마녀로 지목되면 이들은 자신을 변호할 권리가 없이 고문 등으로 죽임을 당하였다.

　　종교재판에서 한 사람이 잘못되더라도 한 가족이 몰살당하고 마을 하나가 통째로 사라지는 일도 적지 않았다. 일부 피해자 가운데는 자신의 혐의가 무엇인지도 모른 채 잔혹하게 처형당하기도 한 것으로 알려지고 있다. 마녀사냥은 종교개혁 등으로 기존 체제가 와해될 것을 두려워한 기득권 계급의 질서 유지 수단이기도 했다. 다른 말로 하면, 당시의 종교적 기득권 세력이 세속 권력층과 결탁, 기존 체제를 유지하기 위해 무자비하게 인권을 침해했다는 것이다. 일부 종교 지도자들은 교리를 바탕으로 자신의 행동을 정당화하려고 시도한 적도 있었으며, 처형당한 사람의 재산을 몰수해 자신의 자산을 늘리기도 한 것으로 알려지고 있다.

　　마무리하자면 중세 유럽의 종교지도자들은 봉건 영주 등 세속 권력과 결탁, 종교적 명분을 내세워 개인의 자유를 완전히 억압하는 인권 침해를 저질렀다는 것이다. 종교 재판에서 일단 이단으로 몰리면 해명할 기회조차 없이 고문당하고 죽임을 당하였다는 것이다. 이러한 전통은 오늘날까지 이어져 '인종 청소'라는 극단적 방식으로 인권이 무자비하게 유린당하는 사태가 발생하고 있다. 이른바 인종 청소는 이교도 또는 적대적인 민족을 배제·말살해 그 민족이나 인종이 뿌리내리지 못하도록 하는 극단적인 행위다.

　　'인종 청소'는 갈등 관계에 있는 종교집단 간 분쟁에서 자주 나타나는 현상으로, 인종청소의 구호 아래 광기 어린 살인이 경쟁적으로 자행된다. 오늘까지도 일부 소수 민족이나 종교집단에 대해 군대, 경찰, 민병대가 함께 힘을 합쳐 다른 집단을 학살하는 반인도주의적 범죄가 자행되고 있다는 뉴스를 국제 언론을 통해 접할 수 있다.

이 경우도 특정한 정치 집단이 종교를 앞세워 인권을 침해한 것으로 볼 수 있다. 1648년 베스트팔렌 조약이 체결되기 이전까지는 종교 선택의 자유, 종교적 망명이 허용되지 않는 등 인권침해가 극심했다. 중세 시절이 이른바 '암흑시대(dark age)'로 불리는 이유가 바로 여기에 있다.

그러나 오늘날 대부분의 종교 단체와 기구는 다른 유관 단체와 함께 인권과 종교의 자유를 앞세워 지금까지 금기시되어왔던 '타국의 국내 문제 불개입 원칙'을 넘어 종교자유 침해국에 인도주의적 개입을 하고 있다. 이것을 17-19세기 제국주의 관점의 연장이라고 비판하는 사람도 있다. 그러나 보편적 인권의 개선을 목적으로 하는 개입과 관여는 오늘날 거부할 수 없는 세계적 흐름으로 인정받고 있다. 사실 아직도 종교 자유가 제한되거나 종교 차이로 극심한 박해와 분쟁을 겪는 지구상의 나라는 여전히 많다(이형규, 2018).

이제 민주주의와 인권은 현대 국가의 주요 평가 기준이며 어떤 정치체제에 사는 사람이든 해당되는 핵심적 가치다. 오늘날 신정일치(神政一致) 제도를 채택하고 있는 국가도 스스로를 민주주의 또는 공화국으로 내세우고 있으며, 종교는 국제사회 인권의 가장 기초적이며 근본적인 조건이 되고 있다. 국제사회는 특정 국가가 자국민의 인권을 유린할 경우 그것을 중지할 수 있도록 인권이라는 이름으로 외교적, 군사적 개입을 할 수 있도록 용인하고 있다.

1948년 국제연합에서 선포한 세계인권선언(1948)의 핵심 사상은 프랑스의 가톨릭 사회철학자 마리탱(Jacques Maritain)이 내세운 '인격주의'와 연결된다. 오늘날 가톨릭 국가가 되었든 개신교 국가가 되었건 모두 인권침해 국가에 적극적으로 개입하는 것을 지지하고 있다. 어떤 국가는 특히 종교적 망명자에게 피신처를 제공하는가 하면, 어떤 나라의 국민이 종교적 자유를 침해받는 사례를 알게 되면 국제기구에 그 해결을 위해 노력해 줄 것을 촉구하기도 한다.

종교의 자유가 왜 인권의 필수 불가결한 조건인지 알아보려면 로마 가톨릭과 그 종교적 권위에 근거해 유지되었던 신성로마제국(the Holy Roman Empire)에 대항한 루터의 종교개혁에서 근거를 찾을 수 있다.

근대 국가의 가장 기본은 주권과 자결(self-determination)이며 그것의 시작은 종교의 자유이다. 루터는 세속 권력으로부터 교회를 분리하려고 했다. 1517년 루터의 종교개혁이 시작되기 전 세속 공권력의 부분적 사용까지 용인하였던 교회가 면죄부를 팔아 교회 재정을 충당할 정도로 당시 종교계의 문제는 심각했다. 바티칸의 로마 가톨릭과 신성로마제국으로부터 벗어나려는 각 민족의 저항은 종교개혁자의 새로운 기독교, 개신교를 선택했고 기존 교회와 제국은 이것을 이단으로 정죄하고 파문하였다.

종교적 자유를 둘러싼 갈등은 수백 년에 걸친 종교 전쟁의 원인이 되었으며 그 결과는 교회에 대한 세속 권력의 우위 원칙 확립이었다. 베스트팔렌 조약(1648년)에 의해 세속 권력은 종교자유를 보장받고 어떤 세력도 개별 국가와 개인의 종교자유를 침해할 수 없는 근대 인권의 가장 기본적인 권리가 쟁취되었다. 베스트팔렌 조약 이후 종교적 자유에 근거한 각 민족과 국가의 자결권은 유럽을 넘어 전 세계로 확산하였으며 모든 국가가 주권의 혁명, 주권과 자결권의 절대적 권위를 가질 수 있게 되었다. 그러나 유럽의 근대 주권 국가나 새롭게 주권을 얻어낸 국가 모두 그 주권을 바탕으로 자국 국민의 인권을 억압해 국제기구로부터 주권과 관련해 간섭받는 상황이 나타나고 있다는데 문제가 있다.

독일의 사회학자 하버마스는 기독교를 근대적 관용, 인권, 민주주의 사상의 근원으로 평가한다. 미국의 역사학자 필팟(Daniel Philpott)도 기독교가 근대 민주주의를 촉진한다고 본다. 개인 존엄성의 강조, 하나님 앞에서의 모든 사람의 평등, 국가 지배로부터 교회의 자율성, 시민권과 다원주의를 기독교가 촉진한다는 것이다. 종교적 가치와 이념이 다시 현실 정치의 전면에 등장하고 있는 바, 종교는 다시 공적 영역에서 그 영향력을 확대하고 있는 것이다.

제2차 세계대전을 겪으면서 유대인 대학살(holocaust)은 주권에 기반을 두는 국제법이 흔들리는 계기가 된다. 오늘날 현대국가는 국가의 절대적 주권이 간섭받는 시대로 진입하였으며, 냉전 이후 국가 주권에 대한 간섭은 계속 늘어나고 있다. 여러 국제기구와 조약의 탄생은 인도주의적 가치의 실현을 위해 주권이 제한될 수 있다는 주장에 힘을 실어 주고 있다. 인권침해가 발생할 때 국가 주권에 대한 외부 개입은 정당화된다는 논리가 설득력을 얻고 있다.

내전 등으로 난민이 발생하는 상황은 오늘날 국제사회의 난제가 되고 있다. 독재, 고문, 학살과 같은 인권 침해는 이제 더 이상 개별 국가의 문제가 아니다. 인간 존엄을 파괴하는 가난, 기근, 교육, 건강, 환경이 침해받을 때 인도주의적 개입을 할 수 있다는 견해가 이미 공개적으로 받아들여지고 있다. 불량국가(rogue countries)는 자국민을 보호할 책임을 포기했다고 평가받는다. 이제 누구도 인도주의적 개입이 국제사회의 중요한 주제라는 점을 부정하지 못한다. 그렇지만 논란이 되는 부분은 여전히 존재한다. 유엔 규약 내에서 갈등을 보인다는 점이 대표적인데, 주권 국가의 내정 개입 금지 조항과 인권과 기본적 자유에 대한 준수 사이에 모순이 존재한다는 점이다. 내정불간섭이라는 국제 규약을 넘어설 수 있는 인권침해에 대한 국제사회의 인식과 동의가 필요하다.

개입의 정당성 확보는 안전보장이사회 국가만의 결정에 의해서가 아니라 유엔총회 참석 국가 전체가 참여한 가운데 이루어져야 한다. 왜냐하면 인권침해에 대한 개입이 다른 형태의 인권침해를 일으킬 수 있기 때문이다.

인권 논의에서 종교적 자유는 최대한 보장되어야 하며 그 자유에서 형성된 도덕적 규범과 문화 또한 최대한 존중되어야 한다. 주권이라는 개념은 인류 해방에 기여했고 주권 국가의 공권력 사용은 국민일반을 보호하는 공공 목적에만 사용되어야 한다는 사상이 확립되는데 루터의 종교개혁이 큰 기여를 했다. 동양 사상도 종교적 색채가 매우 강하고 기존 종교와 연결되는 내용이 있는 바, 이는 현대 인권 논의에 적지 않은 의미를 준다고 하겠다.

유교에서 주장하는 인륜(人倫)과 서양에서 생긴 인권을 상반된다고 생각하는 사람이 많다. 그렇지만 유학에서 주장하는 민본사상과 당위성을 포함하는 합리주의는 인권에서 추구하는 내용과 결코 다를 바 없다. 열린 마음으로 유교를 대한다면 얼마든지 인권과 연결할 수 있고 새로운 대안을 모색하는데 유용할 수 있다(이상익, 2015 : 45).

묵자(墨子)는 지배계급의 입장을 대변하지 않고 서민의 입장을 대변했다고 볼 수 있다. 일단 묵자는 서민 출신이며 스스로를 천인이라고 자처했다. 묵자는 유가와 다르게 공동체 사회를 목표로 상류층의 사치를 비판하고 근검절약을 강조했다. 그는 포악한 왕을 몰아내는 것을 제외한 모든 전쟁에 반대했다. 제후나 군주 입장이 아니라 서민 관점에서 모든 생명이 귀중하다고 인식했으며 지도자의 명예욕에 휘말려 고생하는 백성의 어려움을 자신의 일로 생각했다. 그는 만약 대국이 소국을 공격하면 여러 나라가 힘을 합해 구해야 한다고 주장했으며 국가가 국제 관계를 맺어 평화를 유지해야 한다고 주장했다. 그는 나아가 모든 사람이 태어날 때부터 평등하며 사람을 사랑하는데 차별을 두지 말자는 겸애(兼愛)를 주장했다.

인권과 관련하여 서양사회의 개인들은 기본권을 보장받기 위해 국왕의 권력에 저항하고 권위적인 중세 성직자의 지배에 대항하기도 했다. 이는 개인주의와 자유주의에 입각해 인간적 권리를 요구하는 시민의식을 반영한다. 만민 평등과 기본권 확립을 위해 인권 개념은 중요한데, 엄격한 의미의 인권과 기본권을 구분하기도 한다.

인권은 인간의 본성에서 유래하는 자연권을 의미하는데 기본권은 국가의 구성원으로서 시민 권리로 자연권을 확보할 수 있도록 국가가 인정하는 권리를 뜻한다. 인권은 전제 권력으로부터 시민의 자유와 평등권을 보장하는 것이라면 기본권은 국가가 보장하는 권리다. 그러나 국가가 보장하는 권리는 불완전한 측면이 있다. 만약 국가에서 권리를 보장하지 않는다면 인권도 존중될 수 없다. 국가 이전에 인간이라는 이유만으로 존중받아야 한다는 가장 근본적인 권리가 인권이라는 점에서 실질적인 모순이 있다(박범석, 2014).

서양의 인권 개념은 불교의 인간관과 대비된다. 불교에서는 인간이 가진 독점적 권리인 인권을 인정하지 않는다. 인간에게 권리가 인정되려면 만물의 권리가 전제되어야 하는 바, 인권은 만물의 권리 가운데 하나일 뿐이다. 불교 관점에서 본다면 인권 이전에 만물의 생명권(生命權)이 우선적이다.

서양의 인권 개념도 다른 생명을 부정하지 않지만, 불교의 생명관은 인간 우위의 논리가 개입될 여지가 없다. 이를 두고 인권 담론의 맥락이 동일한 차원이 아니라고 지적할 수도 있을 것이다. 인류 역사에서 지난 세기까지만 해도 인간적 차별과 계급 갈등을 해소하는 데 어려움이 있었던 만큼 인간이 아닌 다른 생명권까지 신경 쓰기는 어려웠을 것이다. 생태학적 관점에서 윤리를 재해석하고 확장된 시각으로 이해하려고 한다면, 인권의 개념은 생명권까지 확대될 수도 있을 것이다.

서양 종교인 기독교는 강자 중심의 일방적 관계문화를 치유해야 하는 당위성을 부여받고 있다. 우선 '갑질 상황'을 교정하는데 교회가 어떤 역할을 해야 하는지 살펴보자. 이를 위해서는 현재 상황에 대한 통찰이 있어야 할 것이다. 통찰은 행위자 자신이 무슨 행동을 하고 있는지 의식적으로 자각하고 어떤 결핍과 동기로 그 행동을 하고 있는지 등을 깨달는 것이다. 교회의 첫걸음은 갑질하는 현재 사회 상황에 대해 교인이 더 자세히 알 수 있도록 돕는데 있다.

갑질 사건(사람)을 언론에서 대하는 많은 사람은 분노하고 비난한다. 타인이 그렇게 하는 것을 비난하면서 자신은 마치 그렇지 않은 듯하지만, 자신도 같은 행동을 의식하지 못한 체하고 있을 수 있다. 집단 상담에서 사용되는 기법을 통찰에 적용할 수 있다. 내담자가 어떤 문제를 나만 가진 것이 아니라 그 집단에 참여하는 많은 사람들이 동일하다는 사실을 알면 안심하고 자신의 문제에 유연한 태도를 갖는다.

통찰에 대한 저항을 줄이도록 교회가 돕는 방법은 한국의 사회적 상황을 자세히 알려주는 교육에서 시작될 수 있다. 갑질 문화를 바꾸는 데 있어 교회의 노력을 언급하는 주장은 흥미롭다. 물론 갑질을 근절하는 대안이 짧은 시간에 어떤 대단한 효과를 가져올 것이라고 기대하기는 어렵다. 고질적인 문화를 바꾸는 일은 시간이 오래 걸리고 성공하기 쉽지 않다.

다만, 교회는 예수님의 말씀을 따라야 하는 당위성을 안고 있다. "크고자 하는 자는 섬기는 자가 되고 으뜸이 되고자 하는 자는 모든 사람의 종이 되라고 명령을 하고 계시다"는 격언에서 약자에 대한 강자의 책임을 강조하고 강자가 약자를 어떻게 대해야 하는지 교인에게 이미 가르쳐주고 있다. 또한 "남에게 대접을 받고자 하는 대로 남을 대접하라고 하신다."는 말도 마찬가지다. 이런 예수님의 말씀은 강자나 약자의 위치와 무관하게 호혜 관계를 형성하라는 뜻이다(이재호, 2016).

기독교에서 공평과 정의를 촉구하는 설교는 인지적 차원에서 갑질이라는 행위를 대신할 수 있다는 흥미로운 견해도 있다. 이른바 갑질에 따른 인권 침해 요소를 해소하는데 기독교 교리의 실천이 도움이 된다는 의미다. 구약 성경에서 힘 있는 자의 불의를 질타하고 정의를 추구해야 한다는 내용이 등장한다. 삶에서 약자에게 공정하고 바르게 대하도록 설교할 수 있다.

불교에서는 인간의 독점적 권한이나 권리를 인정하지 않는다. 불교의 연기법(緣起法)[1]은 모든 것이 상호의존적으로 생성되고 소멸되는 점에서 모든 존재가 연결되어 있다는 점을 중요시한다. 모든 것들이 관계로 얽혀 있는 점에서 인간이 독점적인 존재이거나 다른 무언가를 배척할 권리는 없다. 인간이란 단지 여러 요소의 인연 화합에 불과한 것으로 간주한다. 불교는 인간을 실체가 아닌 관계의 한 모습으로 파악한다. 인간은 특별한 근원에서 태어난 것이 아니라 만물과 동일한 원리로서 화합된 존재다.

불교를 비롯한 종교에서 인권은 의무에 초점을 두는 경우가 많다. 종교의 계율은 인간의 책임과 의무를 강조하고 있다. 서양의 자유 개념과 가깝다기보다 인간적인 원칙인 책임을 강조한다. 자신의 권리가 소중하다면 타인의 권리도 소중하며 생명을 가진 만물의 권리로 확대한다는 논리가 바로 불교적 관점의 인권이다.

---

[1] 불교에서 말하는 연기법(緣起法)은 원인과 결과의 법칙 즉 인과법칙(因果法則) 혹은 인과법(因果法) 또는 인연법(因緣法)이라고도 한다. 연기(緣起)는 인연생기(因緣生起) 즉 인(因: 직접적 원인)과 연(緣: 간접적 원인)에 의지하여 생겨남 또는 인연(因緣: 통칭하여. 원인)따라 생겨남의 준말이다.

불교에서는 인권을 개인 중심에서 생태 중심으로 넓게 인식하고 있다. 생명과 세계는 차별이 없기 때문에 모든 생명 속에 세계가 있고, 모든 세계 안에 생명이 들어있다. 환경, 동물보호 등이 불교의 인권 개념에 포함될 수 있다.

불교에서 인권이라는 단어를 찾을 수 없지만, 인간 존엄을 이해하는 종교라는 사실은 분명하다. 불교에서는 인간을 축생(畜生)과 다른 특별한 존재, 자기실현적 존재, 타자를 배려하는 존재로 본다. 인간이 다른 동식물보다 나은 이유는 자아성찰하면서 다른 종까지 보살필 수 있는 능력이 있기 때문이다. 이는 생명이 있는 모든 존재를 배려·존중하는 인권을 지녔다고 말하기도 한다(안옥선, 2008 : 7-8).

불교 인권의 전제는 불이(不二), 자기 보존, 자비라고 한다. 자신과 타인의 존재와 안녕은 하나며 모든 존재의 자기보존 과정과 다르지 않고 나를 보살피면서 동시에 다른 존재를 보살필 책임이 있다는 의미다. 불이(不二) 관점에서 인권은 인간만이 아니라 동식물과 같은 모든 존재에 대해 나름대로 가치와 권리를 부여해야 한다고 볼 수 있다.

실천적 차원에서 불교는 기본적으로 평화, 비폭력, 살생 금지, 자비자애, 악에 대한 교화를 강조한다. 이처럼 인권이 추구하는 인간 존엄성과 인간 존중은 동서고금 어디서에서나 같은 의미를 지닌다. 그런데 그 구체적 내용은 고정적일 수 없고 가변적이며 다양한 내용으로 채워질 수 있다. 물질이나 정신 수준의 향상에 따라 새로운 인권 영역이 출현할 수도 있다. 특히, 인간의 마음이나 의식 수준의 진보에 따라 새로운 인권 내용이 추가될 수도 있다. 이러한 인권의 속성은 지금까지 우리가 알

았던 인권에 대한 고정관념을 버릴 것을 요구한다. 그렇게 하려면 인권에 관한 다양한 목소리에 귀를 기울이고 그것을 수용하고 포용하는 것이 한 방법이 될 수 있다(안옥선, 2008 : 57-62, 159-171, 392-393).

2008년 시행된 우리나라의 공직자종교차별신고센터 설치운영 규정은 공무원의 직무상 종교차별 행위를 금지하고 있다. 종교도 과거 인권을 탄압한 부분이 있지만 오늘날 모든 종교는 인권에 대한 철학적 논의와 마찬가지로 인권에 관심을 기울이고 있다.

2. 노예 제도와 인권

인간 사회를 신분으로 나누고 노예 제도를 활용해 지배계급을 유지하려고 했던 현상은 대부분의 인류 문화에서 찾아볼 수 있다. 그렇지만 소수의 지배계급이 다수의 인권을 침해한 모습은 너무나도 많은 희생을 가져왔다. 특히, 그러한 현상이 종교와 연결될 때 셀 수 없을 정도로 인권은 무시당했고 인권이라는 단어조차 사용하지 못했다는 점에서 오랫동안 비극적인 역사를 지녔다. 그렇지만 현재 지구상에서 노예제도와 계급제도는 원칙적으로 폐지되고 있다.

노예제도에서는 인간이 다른 인간을 재산처럼 취급한다. 노예는 분명히 사람이지만 타인의 소유물이 된다. 노예제는 수메르 문명을 비롯하여 고대 이집트, 바빌로니아, 아시리아, 그리스, 로마, 아랍 제국 등 거의 모든 고대 문명에서 등장하며 그 숫자는 상당히 많았다. 일단 정복

전쟁 등에서 패배하는 국가의 사람들은 모두 노예가 된다고 볼 수 있는데, 이런 관점에서 볼 때 노예의 수는 당연히 많았다고 할 수 있다.

노예 제도는 세계 여러 곳에서 그 흔적을 찾아볼 수 있다. 신석기시대와 청동기시대에 타 부족, 타 씨족을 정복하면서 그 대상자를 하층민으로 부린 것에서 출발한 것으로 추정되고 있다. 중세 에스파냐와 포르투갈 지역에서 이슬람과 기독교의 전쟁은 끊임없이 지속되었고 패전한 사람은 노예로 끌려갔다. 당시 패배한 이슬람교인이나 기독교인은 알제리나 모로코 등의 노예 시장으로 팔려갔다. 노예는 상품으로 인식하였으며, 당시 교회는 해외 영토에서 비기독교도인을 노예화하는 행위를 용인하였다.

노예 제도가 유지되려면 잉여 생산물과 더불어 인구 밀도가 충분히 높아야 한다. 이 때문에 기원전 11,000여 년 전 신석기 혁명이 일어나면서 인력이 많이 필요한 농경 사회가 시작되었는데 노예 제도는 농사짓는 데부터 사용되기 시작했다. 과장되었을 수도 있지만, 로마 건국 이후 천 년 동안 지중해와 그 일대에서 노예로 잡히거나 팔린 사람이 최소 1억 명은 될 것으로 추산되기도 한다.

근대적 노예 제도는 15세기에 이르러 대규모화, 제도화되었다. 포르투갈의 항구 도시에서는 아프리카 노예를 수입하여 판매하는 노예 시장(Mercado de Escravos)이 처음 생겼다. 노예무역은 18세기에 정점에 이르렀는데 대부분의 노예는 서아프리카 내륙에서 벌어진 원정 전쟁에서 붙잡힌 사람들이다. 16세기에서 19세기까지 아메리카로 실려간 아프리카인은 1,200만 명으로 추산된다. 1860년 당시 미국 인구 조사에 따르면 국민의 10배에 해당하는 노예를 소유했다고 한다. 노예로 붙잡혀온 대다수 흑인은 세네갈부터 앙골라 남단까지 약 5000km에 이르는 아프리카 서해안 지역 출신이었다. 그 밖에도 아프리카 전역이 노예 사냥터였다고 말할 수 있을 정도로 광범위하게 노예사냥이 나타났다.

건강한 남자 노예는 약 60달러, 여자 노예는 15달러 정도에 팔렸다. 아프리카 해안에 교역소를 설치하고 아프리카인을 이용해 내륙의 흑인을 노예로 잡아서 수송했다. 이렇게 인간이 인간을 지배, 짐승과 같이 부리는 노예 제도는 천부인권을 기본적으로 부정한다. 노예는 오로지 시키는 대로 일해서 소수의 국민이 잘 먹고 잘 살 수 있도록 해야 한다. 성노예 등 오락을 목적으로 사용한 경우도 많았다는 점에서 노예는 일종의 물건이었다. 16세기에서 19세기까지 이어진 아프리카 노예무역에서 여성 노예는 성희롱과 강간의 대상이었다.

근대 유럽에서 계몽주의가 전파되면서 천부인권 사상에 따라 노예 제도는 폐지되었지만 다른 대륙(아메리카)에서 노예를 수입했다는 점에서 노예무역은 상당 기간 광범위하게 나타났다.

비인간적인 노예 제도를 두고 19세기 서유럽과 미국에서 폐지 운동이 전개되었고 1833년에는 대영 제국 전체에서 노예 제도가 사라졌다. 미국에서는 링컨 대통령이 1863년 1월 1일 노예 해방을 선언하였다. 그렇지만 완전히 인류사회가 노예 제도에서 벗어난 것은 한참 뒤의 일이다.

한국에서는 기원전 1000년경 고조선의 법조문에 노예 규정이 나타난다. 고구려에서도 귀족 계급 아래에 다양한 신분이 나뉘어 있었는데 다른 신분끼리 결혼이 자유롭지 못했다. 백제도 왕족인 부여씨(扶餘氏)

이외에 왕비 씨족인 진(眞)·해(解) 이외에 사(沙)·연(燕)·협(刕)·국(國)·목(木)·백(苩) 씨 등의 귀족 가문이 있었으며 신라에도 성골(聖骨)과 진골(眞骨) 이외에 육두품(六頭品)에서 일두품(一頭品)까지 여섯 두품이 있었다.

삼국 통일 이후 통일신라의 수도인 경주에 많은 노비가 있었던 것으로 추정된다. 한 재상의 집에 노비 3천 명이 있었다는 기록에 비추어 볼 때 귀족들은 상당한 노비를 거느리고 있었던 것으로 추정될 수 있다. 신라에는 향(鄕)·부곡(部曲) 등 노비 신분의 천민 거주지가 별도로 구분되어 있었고 고려 시대도 향(鄕)·부곡(部曲)·소(所)·역(驛)·진(津)·관(館) 등 노비가 사는 구역이 별도로 구분되어 있었다. 노비는 공노비(公奴婢)와 사노비(私奴婢)로 구분되었다. 우리에게 익숙한 명학소(鳴鶴所)의 망이(亡伊), 망소이(亡所伊)의 난에서 당시 노비(노예)의 생활이 얼마나 비참했는지 짐작할 수 있다.

조선 시대에도 천민과 노예 제도가 이어졌다. 그들은 특수 부락에서 특정 직업을 세습했으며, 당시 노비의 매매 가격은 말 한 필보다 쌌다. 그렇지만 조선 후기로 들어서면서 노비의 수는 점차 줄어들었고 조선 전기 35만 명에 달하던 공노비의 수는 조선 후기에 이르러 20만 명에도 미치지 못한 것으로 기록되고 있다.

당시 노비는 문서에 명확하게 기록되었고 그것을 관원이 철저하게 관리했다. 임진왜란 당시 노비 문서인 노비안(奴婢案)[2]이 불태워졌다는

---

2) 노비의 호구를 기록한 장부를 지칭하는 용어로서 관청에 소속된 공노비안(公奴婢案)을 의미

사실은 그만큼 노비 신분에 대해 엄청난 불만이 있었기 때문으로 풀이될 수 있을 것이다. 이렇게 노예 제도는 인간의 천부인권을 기본적으로 부정한 비인권적 질서였다고 할 수 있다.

3. 계급 제도와 인권

사회적 신분 제도, 계급 제도는 일정한 국가 내에서 사회 구성원의 지위를 구분하는 비인간적 제도라고 할 수 있다. 신분 제도는 역사상 대부분의 인류 문화에서 찾아볼 수 있는 보편적 제도였던 바, 현대 사회에 접어들어 사라졌다고는 하지만 여전히 형식적으로나마 존속되고 있다고 할 수 있을 것이다.

신분 제도는 다수의 인민(백성) 계급의 인권을 침해하는 가장 중요한 기제다. 국가는 공권력을 활용해서 계급을 지배와 피지배, 착취와 피착취 관계 형성에 이용했고 이에 저항하거나 반항하는 사람이나 집단에 대해서는 무자비하게 탄압했다. 그러한 탄압은 앞서 설명한 고문만이 아니라 학살까지 포함하였다. 가장 강력하게 신분 제도를 유지하는 방법은 공권력 이전에 형벌 제도였고 계급을 위협하는 모든 세력에 대해서 사형(즉결)을 포함한 모든 수단을 동원했다. 동서양 어느 사회에서나 하층 계급에 속한 사람은 인간이 아니었고 "이름"조차 없이 물건으로 취급받았다.

계급은 일반적으로 혈연, 가문, 사회적 지위, 재산, 권력 등을 바탕으로 형성된다. 많은 전쟁을 겪은 현대 사회에서도 패전국 국민은 노예로 전락하거나 전승국의 최하층 계급으로 편입되었다. 이는 국가 간 전쟁만이 아니라 지역 안에서 벌어지는 내전에서도 똑같이 적용되었다. 지구상에서는 아직도 크고 작은 내전이 계속되고 있는데 이때 전투에서 패배한 사람과 그 가족(지인)은 모두 인권을 박탈당하고 있다.

계급제도는 혈연에 따라 세습되는 경향이 강하다. 지배 계층의 관점에서 신분 제도는 사회 전체의 지배 질서를 유지하고 자신의 지배를 유지하는데 중요하다. 역사상 수많은 사회에서 새로운 세력이 왕권에 도전하지 못하도록 강력하게 억제한 사실은 굳이 이야기하지 않아도 짐작할 수 있다.

고조선의 형벌 체계인 8조법은 도둑질한 자는 종으로 삼는다는 규정을 담고 있는데, 이로 미루어 볼 때 고조선 시대에 이미 신분제도가 있었다는 사실을 알 수 있다. 삼국 시대에 이르러서는 왕족, 귀족, 평민과 천민의 구분이 명확해졌다. 600백년동안 지속된 조선 사회에서는 양반, 중인, 평민, 천민의 구분이 있었다. 조선의 신분 제도는 갑오개혁(1894년 7월~1895년 7월)이후 제도적으로 폐지되었다고 하지만 그 잔재는 오래 남았다. 갑오개혁의 주요 내용은 신분제(노비제) 폐지, 과부의 재가(再嫁) 허용 등이었는데 당시 그러한 제도는 곧바로 사라지지 않은 것으로 알려지고 있다.

삼국 시대 이래 천민 취급을 받았던 향(鄕)-소(所)-부곡(部曲) 거주민은 조세와 노역의 무거운 부담을 졌다. 그들에게는 거주 이전의 자유도 주어지지 않았고 과거 응시도 제한되었으며 정규 교육을 받을 수도 없었다. 조선 시대의 천민으로는 백정, 사당패, 기생, 광대 등이 있었지만 경국대전과 같은 법령에 구체적으로 명문화된 것은 아니었다.

이렇게 고조선 시절부터 삼국 시대, 통일신라, 고려, 조선에 이르기까지 공식적 제도로 신분 사회가 유지되어왔다. 관복(제복)의 색깔과 모양을 달리해서 계급을 구분했고 사농공상과 같은 직업을 기준으로 계급을 쉽게 파악할 수 있도록 사회를 제도화했다. 이는 서양도 다르지 않은데 "화려한 복식, 휘황찬란한 의식" 등으로 신분을 당연히 여기게 하였는데 그 방법은 현대 기준으로 보아도 매우 정교했다. 이러한 신분 사회에서는 인권이라는 단어를 사용하기도 어려운 시대였다.

보편적 인권을 부인하고 태어날 때부터 인권보다 신분이 중요한 그러한 사회는 한국만이 아니라 동서양의 여러 사회에서 보편적으로 나타난다. 강력한 영향력을 발휘하고 있는 신분 제도를 오늘날까지도 기꺼이 수용하는 국가가 있다는 점에서, 이러한 신분제도는 특정 사회의 문화적 특성을 반영한다고 하겠다.

신분제도의 가장 나쁜 점은 인권 침해를 부당하게 제도화하였다는 점이다. 사회 발전 측면에서도 신분제도는 개인의 능력을 사회 발전에 활용되지 못하도록 가로막았다는 점에서 문제가 있다. 사가(史家)들은 통일신라가 멸망하게 된 주된 원인을 성골(聖骨)과 진골(眞骨), 그리고 육두품(六頭品)으로 나뉜 신분제도에서 찾는다.

신분 사회는 전형적인 착취 사회(extractive society)라 할 수 있다. 착취 사회는 사회의 작은 집단이 나머지 사회구성원을 착취하는 구조를 말한다. 공식적인 신분 차별을 바탕으로 인권을 억압하고 탄압하는 형태는 오늘날 공식적으로는 사라졌으나 관습법 형태의 차별 풍토는 아직 사회 여러 곳에 남아 있다. 이러한 신분제도는 인간의 기본권을 근본적으로 부인하거나 침해하는 전형적인 제도다.

4. 기업 인권과 노동자 인권

오늘날의 자본주의 사회에서는 금권과 기업에 의한 인권 탄압 현상이 보편적으로 나타나고 있다. 혹자는 이같은 현상을 일종의 '현대판 노예 부리기'로 보기도 한다.[3] 오늘날의 기업조직에서 구성원 대부분이 당하는 이같은 인권 침해적 행태는 '갑질'로 묘사되기도 한다. 경제력에 바탕하여 조직구성원을 좌지우지하는 현상은 기업 인권에서 중요성을 지닌다.

현대사회는 조직사회다. 기본적으로 조직은 계약 관계를 바탕으로 '갑을(甲乙)'관계의 계서제(hierarchy)를 형성한다. 역사적으로 보면, 산업혁명은 농업사회를 산업사회로 바꾸었으며 관료제(bureaucracy)[4] 형태의 '대규모조직'을 만들어 냈다. 관료제 조직의 종적 분업 형태 즉, 상하 계

---

3) 사회 일각의 이와 같은 현상을 '금권정치(plutocracy)'로 규정하기도 한다. 한국 사회에서는 금력(金力)에 의해 좌우되는 정치를 일컫는 말로 사용되고 있다.
4) 관료제는 일반적으로 사다리(hierarcy) 형태로 구조화된 정부 조직을 가리키나, 영미권에서는 일반 기업 조직도 대규모화되면 관료제 조직의 특성을 나타낸다는 논거에서, 대규모조직(large organization)의 의미로 많이 사용한다.

층 조직은 '명령'이 흐르는 통로가 된다. 관료제 조직은, 관점을 달리해 보면, 일종의 신분사회라고 할 수 있다. 2014년 12월 우리 사회를 뜨겁게 달군 이른바 '땅콩회항사건'[5]을 전형적인 갑질 행태의 하나로 볼 수 있다.

　오늘날의 조직사회에서 인간은 스스로 만들어 낸 조직의 지배를 받는다. 조직이 개인을 지배하는 과정에서 구성원은 적지 않은 인권 침해를 겪는다. 기업 인권의 발생은 기본적으로 조직 속의 상급구성원이 하급구성원의 인권을 침해하는데서 출발한 것으로 볼 수 있다.

　정부, 기업, 학교 등 각급 조직의 관리 계층이 수행하는 관리 업무는 농업사회에서 지주를 대리해 소작농을 관리하는 대리인 또는 관리인의 역할과 본질적으로 다르지 않다. 그것은 작업 효율성을 높이고 목표를 달성하는데 유용할 것이나 그러한 임무 수행 과정에 인권이 침해받을 요소가 있을 수 있다. 기업에 대한 인권 논의는 비단 기업만이 아니라 조직 전체로 확대될 수 있다. 기업 인권은 특히 자본주의 속성과 밀접히 연계된 바, 자본주의는 경제력을 기반으로 새로운 신분이나 계급을 만든다고 하겠다.

　지난 수천 년 동안 이어진 신분제는 사라졌지만 자본주의 사회에서 새로운 경제적 계층이 나타나면서 기업의 인권 침해에 관한 논의도 새삼 주목을 받고 있다. 마르크스 시각으로 볼 때, 자본주의 사회에서는

---

5) 대한항공 오너 일가인 조현아 전 부사장이 2014년 12월 5일 뉴욕공항에서 이륙 준비 중이던 대한항공 기내에서 땅콩 제공 서비스를 문제 삼아 행패를 부린 사건을 말한다.

극소수의 경제적 지배층과 대다수의 경제적 피지배층으로 재편되는 신분제가 형성된다. 경제가 신분을 나타내주는 사회에서 피지배층에 대한 지배층의 다양한 인권 침해가 이루어지고 있는 것이다.

2018년 한국 사회에서는 다양한 '갑질 논란'이 일었는데 그 가운데 상당 부분은 기업 인권과 관련되어 제기되었다. 그동안 수면 아래서만 들끓고 있던 조직의 하층 구성원들의 불만 즉 폭언, 폭행, 가혹행위 등이 수면 위로 떠오르면서 상당한 사회적 논란을 불러일으켰다.

이른바 '갑질'이란 기업과 같은 조직에서 권력의 우위에 있는 '갑'이 약자인 '을'에게 행하는 '부당 행위'를 통칭하는 개념이다. 갑질 현상은 한국 사회에 만연한 각종 부조리한 의식과 행태를 바꿔야 한다는 취지와 관련이 깊다. 사회가 달라져야 의식도 바뀌고 의식이 달라져야 제도나 문화를 포함한 행태가 달라질 수 있다.

2019년 시행된 근로기준법은 헌법에 따라 근로조건의 기준을 정하고 근로자의 기본적 생활을 보장, 향상, 균형 있는 국민경제의 발전을 꾀하는 것을 목적으로 제정되었다. 직장 내 괴롭힘의 금지 조항에서는 사용자 또는 근로자는 직장에서 지위 또는 관계 등의 우위를 이용, 업무상 적정 범위를 넘어 다른 근로자에게 신체적·정신적 고통을 주거나 근무환경 악화행위를 하면 아니 되도록 규정하고 있다.[6]

직장 내 괴롭힘 발생 시 누구든지 직장 내 괴롭힘 발생 사실을 알

---

6) 2019.7.16. 시행된 『근로기준법』 제6장의2 직장 내 괴롭힘의 금지(제76조의2 : 직장 내 괴롭힘의 금지, 제76조의3: 직장 내 괴롭힘 발생 시 조치)

게 된 경우 그 사실을 사용자에게 신고할 수 있다. 사용자는 제1항에 따른 신고를 접수하거나 직장 내 괴롭힘 발생 사실을 인지한 경우에는 지체 없이 그 사실 확인을 위한 조사를 시행하여야 한다. 사용자는 제2항에 따른 조사 기간 동안 직장 내 괴롭힘과 관련하여 피해를 봤거나 피해를 보았다고 주장하는 근로자(이하 "피해근로자등"이라 한다)를 보호하기 위하여 필요한 경우 해당 피해근로자등에 대하여 근무 장소의 변경, 유급휴가 명령 등 적절한 조치를 하여야 한다. 이 경우 사용자는 피해근로자등의 의사에 반하는 조치를 하여서는 아니 된다.

사용자는 제2항에 따른 조사 결과, 직장 내 괴롭힘 발생 사실이 확인된 때 피해근로자가 요청하면 근무 장소의 변경, 배치전환, 유급휴가 명령 등 적절한 조치를 하여야 한다. 이 경우 사용자는 징계 등의 조치를 하기 전에 그 조치에 대하여 피해근로자의 의견을 들어야 한다. 사용자는 직장 내 괴롭힘 발생 사실을 신고한 근로자 및 피해근로자 등에게 해고나 그 밖의 불리한 처우를 하면 안 된다.[7]

한편 한국의 국가인권위원회는 2019년 성명을 내고 하도급 금지 범위를 확대하는 등 하청 노동자 보호 대책 마련을 촉구했다. 대기업과 그 하청기업 간에 발생하는 이러한 이슈 또한 기업 인권의 시각에서 바라볼 수 있다. 하청 노동자 문제는 회사와 회사의 계약으로 성립되는 관계이지만, 노동자 인권의 대표적인 문제 가운데 하나라고 할 수 있다. 산업재해와 밀접하게 연관된 이 문제는 또한 우리 사회에서 '위험한 일을

---

7) 근로기준법(제76조의3: 직장 내 괴롭힘 발생 시 조치)

외주화하는 관행', '비정규직 철폐' 등의 이슈와 복잡하게 연계된 인권 주제 가운데 하나로 떠오르고 있다.

산업안전보건법 개정을 둘러싸고 벌어진 2018년의 국회 논의에서는, 원청 기업의 안전관리 책임을 강화해야 한다는 주장과 기업 규제를 강화하면 기업 활동이 위축된다는 논리가 맞섰다. 국가인권위원회는 노동자 인권 문제를 노동이 아닌 인권의 시각에서 다루었고 이는 노동계 전반의 문제로 확산되었다. 우리 사회에서 국가인권위원회는 모든 정치·경제·사회적 이슈를 포괄적으로 다루는 또 하나의 '정부'가 되고 있다.

우리 사회의 고질적인 하청 노동자 안전 문제는 2016년 지하철 스크린도어 정비 노동자의 사망 사고를 계기로 언론에 등장했지만, 법률 개정의 어려움과 제도 개선의 미비 등으로 여전히 인권신장과 관련한 사회적 합의와 노사간의 협력이 필요한 시점이다. 다단계 하청 관행으로 산업재해가 발생했을 때 법적 보상과 책임 소재가 모호한 점과 책임 전가 문제 등으로 노동자 인권 문제는 장기화 되는 경향이 있다.

인권 경영은 기업 활동 전반에서 인권을 존중하고 증진하며, 인권과 관련된 부정적 영향이 발생하지 않도록 노력하는 활동이다. 앞서 살펴본 인권주류화 개념은 기존 공공기관뿐만 아니라 지방자치단체, 공공기관, 민간기업, 다국적 기업까지 확장되고 있다.

전통적으로 인권의 핵심 주제는 국가 공권력에 의한 사인(私人)의 권리 침해라 할 수 있다. 기존의 인권 이슈의 초점이 국가에 의한 시민 보호와 침해위험 통제의 소극적·일방적 보호에 두어졌다면 이제는 기업 등 특정 조직에 의한 인권 증진과 인권 문화 향상 등 적극적 역할로 옮아가고 있다고 하겠다. 이에 기업 스스로의 제도화와 자율적 점검이 필요하다고 하겠다. 그러나 기업의 영향력이 확대되고 다국적 기업이 등장하게 되면서 국가 중심의 기업통제보다 직접 기업에게 인권 존중을 요구하는 방식으로 바뀌고 있다. 따라서 인권경영의 영역과 범위는 점차 넓어지고 있다고 하겠다.

정부는 기업의 인권침해를 방지하고 인권존중 책임을 확보·지원하며 피해자를 지원할 수 있는 효과적 정책 구현에 노력해야 한다. 그러나 현실적으로 인권경영 의식은 기대보다 아주 낮다고 하겠다. 2018년 국가인권위원회는 공공기관 인권경영 실행을 지원하고 제도적 기반을 강화하려는 목적으로 공공기관장에게 '공공기관 인권경영 매뉴얼'을 활용해 인권경영을 실천할 것을 권고했다. 아울러 공공기관 경영평가 지표에 인권경영 항목을 신설·확대할 것을 권고했다. 이를 제도화하기 위해서는 앞으로도 기업의 자율적 이행을 지원하는 정책이 필요할 것이다(손선화·엄영호·장용석, 2018).

인권 경영이 한국 사회에서 정책적으로 다루기 시작한 것은 불과 얼마 전이다. 그동안 기업의 이윤 증대와 노동자 소득의 증가에만 관심이 집중, 구성원과 소비자 인권에 대한 관심과 차별을 줄이려는 노력은 상대적으로 소홀했다. 사회가 성숙하면서 인권에 대한 관심이 증대되고, 경제성장을 넘어 지속 가능한 발전이 관심의 중심이 되고 있다.

기업 인권이 국제사회에서 논의된 계기는 1970년대 다국적 기업의 인권침해에서 비롯되었다. 기업은 국제법적으로 권리 의무의 주체가 아니며 다국적 기업은 한 국가만의 통제 범위를 벗어나기 때문에 인권 문제에 공백이 생길 수밖에 없다. 즉, 단일 국가만으로 통제하기 어려운 사각지대가 나타나게 되고 정부가 해결할 수 없는 문제가 생겨남으로써 어떠한 방법으로 기업에 인권 개념을 적용할 것인지를 고민하는 사람이 생겼다. 시민사회의 발전과 함께 인권은 기업의 사회적 책임이라는 인식이 확산됨에 따라 기업 인권과 관련된 보편적인 기준이 설정되어야 한다는 생각이 강해졌다. '기업과 인권'에 관한 기준과 포괄적 권고사항이 포함된 유엔의 이행지침이 유엔 인권이사회에서 만장일치로 채택된 이후, 2010년대에 들어 ISO26000[8], OECD[9] 다국적 기업 가이드라인 같은 기업 인권 관련 국제기준이 대폭 강화되었다.

그러나 기업 인권 문제를 해결하거나 완화할 수 있는 정책은 여전히 통합되지 않고 부족하였다. 2014년 독일에서 개최된 G7 정상회의에서는 '기업과 인권이행 원칙' 지지 선언을 비롯한 지속가능발전목표(SDGs)[10]와 관련된 기업의 역할을 강조하였다. 그 과정에서 기업이 준수

---

8) 국제표준화기구인 ISO(International Standards Organization)가 추진하고 있는 사회적 책임(SR: Social Responsibility)의 국제표준안 이름으로서 세계인권선언, 국제노동기구(ILO) 협약, 기후변화협약, 유엔 소비자보호지침 등 여러 국제지침을 정리한 행동지침 안내서

9) 경제협력개발기구(Organization for Economic Cooperation and Development, 經濟協力開發機構)

10) SDGs(Sustainable Development Goals)는 2000년부터 2015년까지 시행된 밀레니엄개발목표(MDGs)를 종료하고 2016부터 2030년까지 시행되는 인류의 보편적 문제(빈곤, 질병, 교육, 성평등, 난민, 분쟁 등)와 지구 환경문제 (기후변화, 에너지, 환경오염, 물, 생물다양성 등), 경제 사회문제 (기술, 주거, 노사, 고용, 생산 소비, 사회구조, 법, 대내외 경제)를

할 주요 규범으로 기업과 인권 이행 원칙을 언급하고 있다. 국제법적 구속력을 지닌 기업과 인권 관련 조약 제정 논의도 시작됐다. 현재 40여 개 국가가 기업과 인권에 관한 규정을 수립, 검토, 준비하고 있다.

프랑스 의회는 2017년 세계 최초로 대기업의 경영 관계 전반에 걸쳐 인권과 환경 침해 여부를 파악하고 예방 계획을 의무적으로 수립하는 법을 통과시켰다. 기업에서 실시하는 인권 정책은 일반적인 인권정책과 달리 인권보호 대상을 여성, 장애인 등 사회적 약자에 한정하고 있다. 그렇지만 근로자, 고객, 이용자까지 포함하여 이들 모두의 인권을 보호하고 인권 침해 문제가 생기면 구제할 수 있는 정책은 아직도 부족하다.

기업이 공급업체나 거래처까지 포괄하는 전체 노동자를 대상으로 명시적인 인권보호 정책을 실시하고 인권을 존중할 것을 촉구하는 원칙은 ISO26000을 비롯한 많은 기업의 사회적 책임에서 공통적으로 지적되고 있다. 기업 내부 근로자의 인권이 보장되는 제도가 뒷받침되어야 인권경영이 시행된다고 볼 수 있다.

인권 경영이란 기업이 경영 가치사슬 안에서 사람을 중시하고 인권을 존중하는 경영활동을 뜻한다. 국제사회는 기업 인권 존중 책임에 대한 기준과 표준을 제시하고 기업들이 준수하도록 요구하고 있다. 인권 경영 관련 규정은 1976년 경제개발협력기구(OECD)의 다국적기업 가이

2030년까지 17가지 주 목표와 169개 세부목표로 구성된 UN과 국제사회 최대 공동 목표

드라인 이후 지속적으로 제정되고 있다. 그러나 기업 입장에서는 인권 논의에 대한 거부감 및 수익창출 이외의 목적이 우선순위가 되기 어려운 속성 때문에, 인권경영에 관심이 그리 크지 않았다.

그런데 시간이 지나면서 인권침해 기업으로 고객에게 알려지면 기업경영에 중대한 위험을 준다는 사실 때문에 기업은 이미지 제고의 일환으로 인권 경영에 관심을 기울이고 있다. 그렇지만 기업은 인권에 대한 관심보다도 분기별 매출액이나 연간 수출액 등을 홍보하는데 훨씬 많은 관심을 기울이고 있다. 기업의 속성을 고려하면 그러한 반응은 당연하다고 하겠다.

그럼에도 불구하고 인권 경영이 강조되는 이유는 위험예방이나 관리 분야에서 긍정적 효과를 줄 수 있다는 점, 기업과 관련된 모든 이해당사자의 기본권이 보장돼야 한다는 명분 때문이다. 이러한 부분이 기업에 의해 간과된다면 기업의 사회적 책임은 단순한 구호에 그치며, 공유가치를 창출하기 어렵다고 하겠다. 결론적으로 말하면, 인권 경영은 '인권에 기반을 두는 경영'으로 인권에 부합하게 이윤을 창출하고 사회에 환원하는 방식을 의미한다고 하겠다. 문제는 인권 경영의 범위를 명확히 한정 짓기 어렵다는 점이다. 기업 활동의 모든 영역이 인간 존엄을 고려한 인권 경영과 관련이 없다고 보기 어렵기 때문이다. 기존의 연구들은 국제노동기구(ILO)의 핵심 내용인 차별금지, 아동노동금지, 강제노동금지, 단결권과 단체교섭권 존중 등에서 한 가지만 좁게 다루고 있다.

인권 경영이라는 단어로 학술연구 결과를 검색해 보면, 직접적인 관련 연구는 드물고 대부분 관련 개념을 단순히 소개하는 수준에 그치고 있다. 그나마 국가인권위원회가 공공기관에 제시한 인권 경영 점검표가 진일보한 내용이라고 할 수 있다. 예를 들어, 인권 경영 체제 구축, 고용 시 비차별, 결사와 단체교섭 자유 보장, 강제노동 금지, 아동노동 금지, 산업안전 보장, 책임 있는 공급망 관리, 현지 주민 인권보호, 환경권 보장, 소비자 인권 보호 등이 이에 해당된다고 하겠다.

인권 경영의 개념은 사회적 책임으로 대표되는 사회적 기업과 사회적 책임이라는 개념보다 더 넓다고 하겠다. 윤리 경영은 반부패, 투명 경영 등을 일컬으며 지속가능 경영은 경제, 사회, 환경 책임을 강조하는 개념이다. 국내 기업의 사회적 책임에서는 아직까지도 부패, 환경이 우선시 된다. 국제사회에서 인권을 사회적 책임의 최우선 순위로 보는 것과는 다소 차이를 보인다고 하겠다.

물론 인권문제가 부패 및 환경 문제와 별개로 다루어져야 하는 문제는 아니다. 전 세계 정부와 기업과 관련하여서는 기후 변화와 인권을 고려하여 불평등, 부패를 예방하는 것이 중요하다는 논의가 이미 있었으며, 관련자들은 기후변화와 인권이 지속가능 경영 실현에 중요하다는 점을 주지하고 있는 것으로 알려졌다.

국가가 시행하고 있는 기업 인권 관련 정책의 실효성을 확보하기 위해서는 공공기관이 모범을 보여야 한다. 그렇게 하여야 공공기관부터 시작된 인권 보호 노력이 민간기업까지 확산될 수 있다. 그러나 인권과 관련된 공공기관의 사안에서 여전히 개선의 여지가 많다는 평가를 받고 있다. 다른 말로 하면, 인권 경영 체계를 구축하려는 자발적 노력이 더 필요하다고 할 수 있겠다.

국가의 역할은 국내법을 보완하면서 인권 경영 유인을 제공하거나 제도적 기반을 만드는데 있다. 국정을 책임진 정부는 정권 출범 초기 국정과제에서 새로운 인권수요와 변화·발전하고 있는 국제기준에 부응할 수 있는 여러 정책을 채택·시행하여야 한다. 국가인권위원회의 자율성 강화, 실효성 확보, 국가권력의 불법사찰 근절, 국가 폭력 피해자 지원, 개인정보 보호 강화 등으로 전반적인 국가 인권 수준 향상을 위해 노력하고 사회적 약자, 소외 계층에 대한 따뜻한 배려로 사회대통합과 인권선도국가로서의 국제적 위상 확립을 목적으로 국가인권정책 추진체계를 강화하여야 한다. 중앙부처 중심으로 인권·안전·환경·일자리 등 사회적 가치를 반영한 공공기관 정책 수립, 시행, 평가체계 확립으로 지방공기업의 사회적 책임 관련 경영평가 지표를 확대하여 경영평가에의 반영은 지속되어야 하는 시기이다.

　　또한 고용상 연령차별 금지 및 고령자 고용촉진에 관한 법률은 합리적인 이유 없이 연령을 이유로 하는 고용차별을 금지, 고령자(高齡者)가 그 능력에 맞는 직업을 가질 수 있도록 지원하고, 고령자의 고용안정과 국민경제의 발전에 이바지하는 것을 목적으로 한다.

　　정부는 고용에서 연령을 이유로 차별하는 관행을 해소하기 위하여 연령차별금지 정책을 수립·시행하고, 사업주와 국민 일반의 이해를 높이며, 고령자 고용촉진 대책을 수립·시행하는 한편, 직업능력개발훈련 등 필요한 시책을 종합적이고 효과적으로 추진하여야 한다. 사업주는 또한 연령을 이유로 하는 고용차별을 해소하고, 고령자의 직업능력 계발·향상과 작업시설·업무 등의 개선을 통하여 고령자에게 그 능력에 맞는 고용 기회를 제공하며, 정년연장 등의 방법으로 고령자의 고용이 확대되도록 노력하여야 한다.

5. 그밖에 인권을 침해하는 사회적 장치들

5-1 성차별과 여성 인권

제9장에서 언급하였듯이, 한국 사회는 2018년 미투 운동(Me Too)과 '갑질'행태 고발로 뜨거웠다. 미투 운동은 문화계·체육계·종교계를 가리지 않고 사회 전반에 걸쳐 전개되었으나, 그 중심에는 여성에 대한 성차별이 놓여있다. 여기서는 여성에 대한 성차별과 성폭력에 초점을 두어 논의를 전개하고자 한다. 뉴욕 타임즈가 2017년 할리우드의 거물 영화 제작자에게 성폭력 또는 성희롱을 당했다고 주장하는 한 여성의 인터뷰를 실으면서 미투 운동은 전 세계로 퍼졌다. 미국의 시사주간지 타임(Time)은 이들을 '침묵을 깬 사람들(the silence breakers)'로 명명했다.

한국 사회에서는 2018년 검찰 내부 게시판에 올려진 한편의 글로 미투 운동이 촉발되었다. 뒤이어 우리 사회에 널리 알려진 유명인의 성추행 행태의 폭로로 문화계·체육계·종교계 등 다방면으로 번져나갔다. 이때부터 한국 사회에서 침묵을 깨고 많은 여성이 'me too'를 말하기 시작했다. 사실 여성의 성폭력 폭로는 새로운 일은 아니다. 폭로와 고발은 늘 있어왔고 그것이 사회 변화를 이끌어 왔다. 2006년 미국에서 시작된 '미투' 캠페인은 여성의 신체에 대한 부당한 성적 침해에 대한 고발로 시작되었다.

그러나 2018년 한국의 미투는 그것이 발생하는 구조적 문제를 함께 폭로한 점에 특징이 있다. 성폭력은 남녀 간의 원치 않는 성적 접촉의 문제가 아니라 직장, 공적 영역에 깊이 감춰진 성 권력, 여성의 저평가된 노동력을 강요하는 젠더 불평등의 문제다. 오늘날 한국 사회의 미투 운동은 사회 영역 전반에 만연한 젠더 부정의를 문제 삼아 해결하고자 하는 정치적 행위로 이해되어야 한다(김애령, 2019).

여성에게 가해지는 권력형 성추행, 성폭력을 폭로하는 미투 운동은 일반인의 엄청난 관심을 받았고 다양한 논란과 추가적인 폭로가 이어져 현재도 진행 중이다. 미투 운동은 위계에 따른 성범죄를 폭로한다는 점에서 범죄학이나 형사사법학과 관련된다. 범죄학 연구자의 입장에서 미투 운동은 가해자와 피해자의 관계, 범죄 동기, 범행 방식, 피해자의 반복적 피해, 가해자에게 수치심을 일으키는 폭로 방식 등에 관심을 기울일 수 있다. 형사사법적 측면에서 미투 운동은 위계에 따른 성범죄를 사회적으로 고발한다는 의미를 지닌다.

미투 운동은 성폭력 피해자의 '공감 역량 강화' 프로그램에서 주로 사용되는 용어다. 미투 운동은 그러나 일회성이 아니라 지속적인 반성의 결과라고 볼 수도 있으며, 미투 운동의 결과 많은 사람들이 성희롱과 성폭력 문제가 사회 곳곳에 만연하다는 사실에 놀랐고 심각하다는 사실을 알게 되었다(심현정·라광현, 2018 : 104-105).

이와 유사하게 1980년대 이후 한국 사회에서는 페미니즘 운동이 법과 제도 차원의 성평등 정책을 이끌어 내고 있다. '반성폭력 운동'의 하나로 성폭력 예방과 처벌을 위한 법 제도가 마련되고 있다. 그러한 법제화 정책의 성취가 오늘날 미투 운동의 배경을 이루었다. 그러나 법과 제도만으로 여성은 제대로 된 보호를 받을 수 없다. 법률과 제도는 젠더정의 실현의 필요조건이긴 하지만 충분조건은 아니라는 점에서 앞으로 더 깊이 있게 다루어져야 할 것이다.

아이리스 매리언 영(Iris Marion Young)은 사회의 구조적 부정의 해결, 그 부정의에 책임을 느끼는 사람들의 미래 지향적인 정치적 연대를 제안한다. 영은 정의의 문제는 사회적 권리와 기회를 나누는 분배의 문제가 아니라 구조적 억압을 관계적으로 해결하는 공동 책임의 문제라는 점을 강조한다. 그는 구조적 부정의에 대한 책임의 연대를 강조하면서 미래 지향적인 우정의 정치를 제안한다. 이는 서로 다른 출발점과 입장을 가진 페미니즘의 연대와 공동 실천의 가능성을 제시한 것이라고 볼 수 있다.

페미니즘이 등장한 계기는 오랜 남성지배의 역사라고 할 수 있다. 남성지배는 상징 지배의 특수하고도 전형적인 형태다. 상징 지배로서 남성지배가 많은 경우 실제로 그렇게 실현되고 있다고 해도 반드시 생물학적 남성의 지배를 말하는 것은 아니다. 남성지배는 현존하는 지배 질서와 그 위계적 지배 행위 안에서 그 질서의 주인, 그 행위의 주체가 남성으로 대리(표상)된다는 뜻이다. 그런 의미에서 질서에 '남성중심성'이 각인되어 있다고 볼 수 있다.

정치적 민주화가 시작된 이래 밀레니엄 전환기를 훨씬 지난 오늘의 시점에 이르기까지, 우리 사회에서 점차 이루어지고 있는 양성평등의 제도화, 법제화, 전문직 여성의 사회진출에도 불구하고 일상적 공간에서 남성지배 질서는 근본적 도전을 받지 않은 채 달라지지 않고 있다.

　최근 몇 년 사이에 SNS를 매개로, 그동안 범죄로 구성되거나 고발이 어려웠던 사건이나 고질적이고 일상적이지만 드러나지 않았던 성폭력 문화가 연이어 노출·폭로되었다. 말할 수 없었던 폭력 피해에 대한 폭로는 그 자체로 회복의 시발점이 된다. 미투를 말하는 사람들이 요구하는 책임은 미래에 관한 것이다.

　여성 인권을 주창하는 사람들은 여성의 경험을 사회문제화하고 구조적 차원에서 해결하기 위해 그동안 자유주의 사상의 중요성과 한계를 논의해 왔다. 여성도 인간으로서의 권리, 자유, 평등, 정의를 누릴 자격을 갖춘 존재이지만 현실에서 여성이 권력 외부에 존재한다면 이러한 논의는 그저 선언에 불과하다는 우려도 있다. 국제 여성운동은 여성에 대한 폭력을 인권 문제로 여기며 중립적 인권 담론이 남성중심이라는 점을 비판한다(허민숙, 2012).

　우리 사회에서는 최근 시댁과 처가의 친인척에 대한 차별적 호칭을 평등화하자는 페미니즘 차원의 문제가 제기되기도 했다. 남편 쪽은 시댁, 도련님, 아가씨 등과 같이 높여 부르고 아내 쪽은 처가, 처남, 처제와 같이 낮춰 부르는 차별적 호칭은 개선되어야 한다는 뜻이다. 정부는 이와 관련된 대책을 마련하고 있지만 그러한 대책만으로 언어 관습을 바꾸기는 어렵다. 일단 부부가 서로의 가족을 동등하게 존중해야 한다는 가치관의 변화가 이루어져야 한다. 시댁과 처가의 친인척에 대한 차별적 호칭을 평등화하자는 문제 제기도 인권 문제의 하나다. 호칭은 일종의 사회관계를 표현한 것이기에 여성의 권리 신장과 연관된다는 차원에서 인권 문제의 하나로 볼 수 있다.

    2019년 시행된 양성평등기본법은 「대한민국헌법」의 양성평등 이념을 실현하기 위한 국가와 지방자치단체의 책무 등에 관한 기본적 사항을 규정하고 있다. 이 법은 정치·경제·사회·문화의 모든 영역에서 양성평등을 실현하는 것을 목적으로 한다. 이 법은 나아가 개인의 존엄과 인권의 존중을 바탕으로 성차별적 의식과 관행을 해소하고 여성과 남성이 동등한 참여와 대우를 받고 모든 영역에서 평등한 책임과 권리를 공유해 실질적 양성평등 사회를 이루는 것을 기본 목적으로 한다.

    양성평등은 성별에 따른 차별, 편견, 비하 및 폭력 없이 인권을 동등하게 보장받고 모든 영역에 동등하게 참여하고 대우받는 것을 말한다. 성희롱은 업무, 고용, 그 밖의 관계에서 국가기관·지방자치단체 또는 대통령령으로 정하는 공공단체의 종사자, 사용자 또는 근로자가 "지위를 이용하거나 업무 등과 관련하여 성적 언동 또는 성적 요구 등으로 상대방에게 성적 굴욕감이나 혐오감을 느끼게 하는 행위, 상대방이 성적 언동 또는 요구에 대한 불응을 이유로 불이익을 주거나 그에 따르는 것을 조건으로 이익 공여의 의사표시를 하는 행위"의 경우를 지칭한다.

    모든 국민은 가족과 사회 등 모든 영역에서 양성평등한 대우를 받고 양성평등한 생활을 영위할 권리를 가진다. 모든 국민은 양성평등의 중요성을 인식하고 이를 실현하기 위하여 노력하여야 한다. 국가기관 등은 양성평등 실현을 위하여 노력해야 하고, 국가와 지방자치단체는 양성평등 실현을 위하여 법적·제도적 장치를 마련하고 필요한 재원을 마련할 책무를 진다.

국가 즉 중앙정부와 지방자치단체는 법령의 제정·개정 및 적용·해석, 정책의 기획, 예산 편성 및 집행, 그 밖에 법령에 따라 직무를 수행하는 과정에서 성평등 관점을 통합하는 성 주류화 조치를 취하여야 한다. 나아가 국가와 지방자치단체는 성 주류화 조치의 실효성을 높이기 위하여 다양한 방법과 도구를 적극 개발하여야 한다. 국가와 지방자치단체는 또한 제정·개정을 추진하는 법령(법률·대통령령·총리령·부령 및 조례·규칙을 말한다)과 성평등에 중대한 영향을 미칠 수 있는 계획 및 사업 등이 성평등에 미치는 영향을 평가하여야 한다.

그리고 국가와 지방자치단체는 관계 법률에서 정하는 바에 따라 예산이 여성과 남성에게 미치는 영향을 분석하고 국가와 지방자치단체의 재정운용에 반영하는 성인지(性認知) 예산을 실시하여야 한다. 여성가족부장관은 기획재정부장관 및 행정안전부장관과 협의하여 성인지 예산에 필요한 기준제시, 자문 및 교육훈련 등 지원을 할 수 있다. 이 경우 국가성평등지표 및 지역성평등지표 등을 활용하여야 한다.

국가와 지방자치단체는 인적(人的) 통계를 작성하는 경우 성별 상황과 특성을 알 수 있도록 성별로 구분한 통계를 산출하고 관련 기관에 보급하여야 한다. 여성가족부장관은 또한 통계청장 등 관계 기관의 장과 협의하여 성인지 통계의 개발, 산출, 자문 및 교육훈련 등 필요한 사항을 지원할 수 있다. 여성가족부장관은 나아가 국가의 성평등 수준을 계량적으로 측정할 수 있도록 성평등한 사회참여의 정도, 성평등 의식·

문화 및 여성의 인권·복지 등의 사항이 포함된 국가 성평등지표를 개발·보급하여야 한다.

국가와 지방자치단체는 또한 관계 법률에서 정하는 바에 따라 성차별 금지를 위한 시책 마련에 노력하여야 한다. 그리고 국가와 지방자치단체는 관계 법률에서 정하는 바에 따라 성폭력·가정폭력·성매매 범죄 및 성희롱을 예방·방지하고 피해자를 보호하며 이와 관련된 필요 시책을 마련하여야 한다. 국가와 지방자치단체는 또한 관계 법률에서 정하는 바에 따라 성폭력·가정폭력·성매매 범죄의 예방을 위하여 교육을 시행하여야 하고, 제31조에 따른 성희롱 예방교육을 성평등 관점에서 통합하여 실시해야 한다. 또한 관계 법률에서 정하는 바에 따라 피해자와 상담하고 가해자를 교정(矯正)하기 위하여 필요한 시책을 강구하여야 한다.

여성가족부장관은 3년마다 성희롱에 대한 실태조사를 실시, 그 결과를 발표, 성희롱을 방지하기 위한 정책수립의 기초자료로 활용하여야 한다. 그리고 성폭력·성매매·가정폭력 범죄의 피해자를 조사하는 경우, 피해자의 나이, 심리상태, 후유장애의 유무 등을 신중하게 고려하여 조사과정에서 피해자의 인격이나 명예가 손상되거나 사적인 비밀이 침해되지 않도록 주의해야 한다. 또한 피해자가 편안한 상태에서 진술할 수 있도록 조사환경을 조성하고 조사 횟수는 필요 최소한으로 하여야 한다.

더불어 피해자를 소환하거나 조사할 때에는 피해사실이 다른 사람에게 노출되지 않도록 주의해야 하며, 피해자에게 친절하고 온화한 태도로 질문하고, 피해자를 비난하는 발언이나 피해자가 수치심을 느낄 수 있는 저속한 표현을 삼가야 한다. 성매매 피해자에게는 선불금 등 성매매와 직접 관련된 채권이 법률적으로 무효라는 사실과 지원시설 등을 이용할 수 있음을 본인이나 법정대리인 등에게 미리 알려주어야 한다.

또한 성적 수치심을 불러일으킬 수 있는 신체의 전부 또는 일부를 촬영한 사진이나, 영상물(CD, 비디오테이프 등)이 증거자료로 제출된 경우에는 이를 수사기록과 분리·밀봉하여 수사기록 말미에 첨부하거나 압수물로 처리하는 등 일반인에게 공개되지 않도록 하여야 한다. 아울러 피해자의 사생활 보호를 위하여 필요하거나 선량한 풍속을 해칠 우려가 있는 등 타당한 이유가 있을 때는 재판을 비공개로 진행하여 줄 것을 법원에 요청해야 한다.

검찰청에서는 또한 성폭력 등 범죄에 대하여 전담검사를 지정·운영하고, 성폭력 등 범죄의 수사업무에 종사하는 자에 대하여 수시로 필요한 교육·훈련을 시행하여야 한다. 나아가 수사과정에서 사건관계인의 인권보호와 적법절차의 보장을 강화하기 위하여 검찰청에 인권보호관을 두어야 한다.

5-2 사회적 편견과 장애인 인권

장애인 인권과 관련된 차별금지법의 논란 과정은 한국사회에서의 '차별'에 대한 인식과 입장 차이를 두는 사회현실을 그대로 드러냈다.

'차별'에 대한 인식 차이와 다른 이해 방식 때문에 공존과 관용을 추구하기 쉽지 않다. 포괄적 인권법 제정은 이러한 현실을 조정하고 제도화하는 인권 거버넌스 구축에서 핵심을 이룬다. 포괄적 차별금지법은 성별, 장애, 병력, 나이, 학력, 종교, 사상, 성적 지향, 인종, 피부색, 언어, 출신 지역, 용모 등 신체조건, 혼인 여부 등을 이유로 하는 차별을 금지하는 내용을 담고 있다. 현재 장애인, 성별 등 각각의 차별마다 개별 법(양성평등기본법, 장애인 차별금지·권리구제 등에 관한 법, 사회보장기본법 등)을 따로 제정하고 있는 바, 이를 포괄하는 상위법의 제정이 필요하다는 논의도 있다.

한국은 제3차 유엔인권이사회 회의에서 '성적 지향에 의한 차별을 금지하는 권고'에 아시아 국가에서는 유일하게 서명했다. 그렇지만 국내 입법화 과정에는 실패했다. 이 문제는 정부의 적극적인 의지와 복잡한 합의 과정을 거쳐야만 해결할 수 있다. 여론 형성과 국회에서 깊이 있는 토론이 진행되지 않으면 한국 사회에서 인권 논의가 더 나아가기는 쉽지 않다. 포괄적 차별금지법의 제정 여부는 정부, 종교, 인권단체, 사회구성원들이 서로 차이를 인정하고 아래로부터 인권 거버넌스를 형성할 수 있을지를 알아보는 척도가 된다고 할 수 있다.

한국의 법률은 누구든지 장애 또는 과거의 장애 경력 또는 장애가 있다고 추측됨을 이유로 차별을 하면 안 된다고 규정되어 있다. 장애인은 자신의 생활 전반에 관하여 자신의 의사에 따라 스스로 선택하고 결정할 권리를 가진다. 장애인은 장애인 아닌 사람과 동등한 선택권을 보장받기 위하여 필요한 서비스와 정보를 제공 받을 권리를 지닌다.

국가 및 지방자치단체는 장애인과 장애인 관련자에 대한 모든 차별을 방지하고 차별받은 장애인 등의 권리를 구제할 책임을 지며, 장애인 차별을 실질적으로 해소하기 위하여 이 법에서 규정한 차별 시정에 대하여 적극적인 조치를 하여야 한다. 즉 국가 및 지방자치단체는 장애인 등에게 정당한 편의가 제공될 수 있도록 필요한 기술적·행정적·재정적 지원을 하여야 한다.

2016년 시행된 '장애아동 복지지원법'은 국가와 지방자치단체가 장애아동의 특별한 복지적 욕구에 적합한 지원을 통합적으로 제공하고, 장애아동이 안정된 가정생활 속에서 건강하게 성장하고 사회에 활발하게 참여하며, 장애아동 가족의 부담을 줄이는데 목적을 두고 있다.

장애아동의 모든 활동에서 장애아동의 이익이 최우선으로 고려되어야 한다. 장애아동은 자신에게 영향을 미치는 모든 활동에 대하여 자신의 견해를 자유로이 표현할 권리를 최대한 보장받아야 한다.

또한 장애아동은 모든 형태의 학대 및 유기·착취·감금·폭력 등으로부터 보호받아야 한다. 장애아동은 부모에 의하여 양육되고 안정된 가정환경에서 자라나야 한다. 장애아동은 나아가 인성 및 정신적·신체적 능력을 최대한 계발하기 위하여 적절한 교육을 제공받아야 한다. 그리고 장애아동은 가능한 최상의 건강상태를 유지하고 행복한 일상생활을 영위하기 위한 의료적·복지적 지원을 받아야 한다. 장애아동은 또한 휴식과 여가를 즐기고, 놀이와 문화예술활동에 참여할 기회를 제공받아야 하며, 의사소통 능력, 자기결정 능력 및 자기권리 옹호 능력을 향상시키기 위한 교육 및 훈련 기회를 제공받아야 한다.

2016년 시행된 '장애인 건강권 및 의료접근성 보장에 관한 법률'은 장애인의 건강권 보장을 위한 지원, 장애인 보건관리 체계 확립 및 의료접근성 보장에 관한 사항을 규정하여 장애인의 건강증진에 이바지하는 것을 목적으로 한다. 장애인은 최적의 건강관리와 보호를 받을 권리, 장애를 이유로 건강관리 및 보건의료에 있어 차별대우를 받지 않으며 건강관리 및 보건의료 서비스의 접근에서 비장애인과 동등한 접근성을 가질 권리를 가진다. 국가와 지방자치단체는 장애인의 건강권을 존중하고 보호하며 실현할 의무를 갖는다.

2017년 시행된 '발달장애인 권리보장 및 지원에 관한 법률'은 또한 발달장애인의 의사를 최대한 존중하고 생애주기에 따른 특성 및 복지 욕구에 적합한 지원과 권리옹호 등이 체계적이고 효과적으로 제공될 수 있도록 필요한 사항을 규정, 발달장애인의 사회참여를 촉진, 권리 보호, 인간다운 삶을 영위하도록 하는데 목적을 둔다. 발달장애인은 원칙적으로 자신의 신체와 재산에 관한 사항에 스스로 판단하고 결정할 권리를 가진다. 자신에게 법률적·사실적인 영향을 미치는 사안에 대하여 스스로 이해하여 자신의 자유로운 의사를 표현할 수 있도록 필요한 도움을 받을 권리를 지닌다. 발달장애인은 또한 자신과 관련된 정책의 결정과정에서 자기의 견해와 의사를 표현할 권리를 지닌다.

국가와 지방자치단체는 발달장애인의 적절한 발달과 원활한 사회통합을 촉진하기 위하여 장애를 최대한 조기에 발견하여 지원할 수 있도록 필요한 조치를 강구하여야 한다. 국가와 지방자치단체는 또한 발달장애인의 장애를 완화하고 기능을 향상시키는 방안을 마련하기 위한 연구와 조사를 지원하고, 발달장애인의 복지수준 향상과 그 가족의 일상적인 양육부담을 경감하는 필요한 조치를 강구하여야 한다.

또한 차별을 받는 등 권리가 침해받지 아니하도록 권익옹호에 필요한 지원을 실시, 발달장애인과 그 가족이 이용할 수 있는 복지시책을 적극적으로 홍보, 국민이 발달장애인을 올바르게 이해하도록 하는 데에 필요한 정책을 강구하여야 한다. 국가와 지방자치단체는 이와 같은 책무를 효율적으로 수행하기 위하여 필요한 인력 및 예산을 확보할 수 있어야 한다. 모든 국민은 나아가 발달장애인의 인격을 존중하고 사회통합의 이념에 기초하여 발달장애인의 복지향상에 협력하여야 한다.

발달장애인은 자신의 주거지 결정, 의료행위에 대한 동의나 거부, 타인과의 교류, 복지서비스의 이용 여부와 서비스 종류의 선택 등을 스스로 결정할 수 있어야 한다. 그리고 누구든지 발달장애인에게 의사결정이 필요한 사항과 관련하여 충분한 정보와 의사결정에 필요한 도움을 제공하지 아니하고 그의 의사결정능력을 판단하면 아니 된다.

한편 2018년 시행된 '장애인차별금지 및 권리구제 등에 관한 법률'은 모든 생활영역에서 장애를 이유로 한 차별을 금지하고 장애를 이유로 차별받은 사람의 권익을 효과적으로 구제함으로써 장애인의 완전한 사회참여와 평등권 실현을 통하여 인간으로서의 존엄과 가치를 구현함을 목적으로 한다. 이 법에서 금지하는 차별행위의 사유가 되는 장애란 신체적·정신적 손상 또는 기능상실이 장기간에 걸쳐 개인의 일상 또는 사회생활에 상당한 제약을 초래하는 상태를 말한다.

그리고 이 법에서 금지하는 차별은 장애인을 장애를 사유로 정당한 사유 없이 제한·배제·분리·거부 등에 의하여 불리하게 대하는 경우, 장애인에 대하여 형식상으로는 제한·배제·분리·거부 등에 의하여 불리하게 대하지 아니하지만 정당한 사유 없이 장애를 고려하지 아니하는 기준을 적용함으로써 장애인에게 불리한 결과를 초래하는 경우, 정당한 사유 없이 장애인에 대하여 정당한 편의 제공을 거부하는 경우, 정당한 사유 없이 장애인에 대한 제한·배제·분리·거부 등 불리한 대우를 표시·조장하는 광고를 직접 행하거나 그러한 광고를 허용·조장하는 경우 광고는 통상적으로 불리한 대우를 조장하는 광고효과가 있는 것으로 인정되는 행위를 포함한다.

특히, 장애인 가운데 정신요양시설에 있는 사람에 대한 인권은 국정감사를 비롯해 매년 관심사로 떠오르지만 격리되었다는 사실 때문에 일반인의 관심을 받기가 어렵다는 특징을 지닌다. 오래 전부터 주장된 내용으로 탈시설화 관점에서 정신요양시설 입소자에 대한 신체의 자유와 안전 침해 문제는 해결되어야 한다. 국민의 신체의 자유와 안전 보장은 국가의 가장 기본적인 책무다. 한국 사회의 인식과 법제는 그러나 아직도 정신요양시설을 사회복귀 요양 시설이 아니라 수용 시설로 파악하고 있다.

이러한 상황에서 최근 한국 사회에서 논의되고 있는 탈시설화 논의는 의미가 있다. 탈시설화는 불필요하게 수용된 입소자를 물리적으로 사회에 복귀, 주거·치료·훈련·교육·재활 등 사회적 대안을 만드는 것, 시설에서 보호해야 하는 사람에게 개선된 시설 환경을 제공하는 것을 포괄한다(김덕현, 2014).

한국 사회에서 탈시설화를 이루려면 불필요하게 수용되어 있는 입소자의 사회복귀 기반이 마련되어야 한다. 현재 시설 입소자의 기간은 늘어나는 추세로 한번 입소하면 평생을 시설에서 생활할 가능성이 높다. 치료 자체의 어려움보다 퇴원 후 경제적 어려움과 거주지 문제에 원인이 있다.

매년 반복되는 '정신보건시설 인권침해'는 한국 사회의 구성원들이 정신보건시설, 정신병원, 정신과 진료나 상담에 대한 두려움과 거리감을 갖게 한다. 정신병원 등 관련된 의료시설은 '병원'이 아닌 수용시설 또는 혐오시설로 생각하는 사람이 많고 그러한 분위기는 사회 구성원 전반의 정신건강 증진과 정신질환 예방에 악영향을 준다.

이와 관련된 유엔 장애인권리위원회의 최종견해가 제시되었지만, 그 추진 과정이 명확하지 않다. 그러나 국제사회와 국내에서 한국 정신보건시설의 문제점과 개선방향이 언급되기 시작하고, 언급되지 않던 문제들이 구체적으로 나타나면서 여론이 환기되는 부분은 고무적이다. 1990년대에 이미 이 문제에 대한 개선책이 구체적으로 제시되었고 다양한 프로그램 개발과 운영도 실시되고 있다. 그러나 지역 주민 등의 광범위한 이해와 협조가 필요하며 그것이 시설에서 나타나는 인권침해 문제를 해소할 방법이라고 할 수 있다(김덕현, 2015).

이와 같은 정신장애인 인권은 몇 가지 이유에서 특별하다고 하겠다. 첫째, 정신장애인은 다른 집단에 비해 인권을 침해받을 가능성이 높다. 둘째, 정신장애인에게 인권은 차별, 낙인 배제 등으로부터 지켜주는 거의 유일한 수단이다. 마지막으로 정신장애인의 인권은 사회 인권 수준이 어느 정도 성숙했는지 알아보는 척도가 된다(이근희, 2009).

인권의 시대적 구분 방식은 제1장에서 살펴보았듯이, 3세대 인권론이 일반적이다. 1세대 인권은 자유권, 시민·정치적 권리다. 2세대 인권은 사회권 또는 경제·사회·문화적 권리와 관련되어 있다. 그리고 3세대 인권은 연대권을 말한다. 2세대 인권인 사회권은 국가가 적극적으로 분배 정의에 노력하고 일정한 제도와 재원을 만들어야 한다는 점을 강조한다.

정신장애인과 관련된 인권은 자연권과 사회권으로 나누기도 하지만 자유권, 존엄권, 평등권, 법적 권리로 분류되기도 한다. 첫째, 자유권은 강제입원, 구금, 치료에서 보호받을 권리를 말한다. 둘째, 존엄권은 수용 조건 아래서 인간 존엄성을 유지할 수 있는 환경 보장을 의미한다. 즉 장기입원, 적절한 치료나 돌봄 부재, 심각한 학대, 구속, 결박 등으로부터 벗어날 수 있는 권리를 말한다. 셋째, 평등권은 일반인의 시민권과 동일한 시민권을 가지는 것을 말한다. 마지막으로 법적 권리는 기본 보건복지 서비스를 제공받을 권리를 말한다.

정신장애인의 자유권 문제는 강제입원, 계속 입원과 같이 자신의 의사에 반하여 시설에 구금된다는데 있다. 사회권은 쾌적한 환경에서 치료받을 권리, 양질의 의료 서비스를 받을 권리, 입원한 상태에서 사생활의 자유, 통신 면회의 자유와 관련된다. 평등권 입장에서는 부당한 차별대우 등을 들 수 있다. 물론 과거보다 현재 시점의 정신 보건 제도, 시설, 법률 체계가 잘 잡힌 것은 두말할 나위도 없다. 그렇지만 한편에서 치료를 받지 못하는 환자가 그대로 버려지고 가족은 퇴원을 거부하고 많은 사람은 사회복귀시설이 있다는 사실을 여전히 모르고 있다. 치료 중심적 시각, 가족의 막중한 부담, 정보 부족, 환자 당사자의 무지 등이 뒤섞인 결과다.

정신장애인 인권보호와 관련된 법률과 제도가 필요하지만, 그것만으로 충분하다고 볼 수 없다. 즉 차별을 금지하고 인권을 보호하는 법만으로 모든 것이 해결될 수는 없는 것이다. 이보다 더 중요한 점은 법률에 규정된 기준을 잘 실행하고 지역사회교육에 필요한 충분한 자원을 확보하는 일이다. 각종 정책 보고서에서 제시하는 추상적인 대안이 아니라 정부와 지역사회주민이 정신건강에 대한 인식과 관심을 지속적으로 갖는 것이 중요하다.

이 과정에서 지역사회 정신보건 서비스 체계 구축에 드는 비용 추정, 정신장애인과 가족에게 투입되는 사회적 비용 등을 설득력 있게 대중에게 제시할 필요가 있다. 과거 감금, 수용, 시설 내 치료와 보호에 의존해왔던 상황에서 벗어나 지역사회로의 복귀와 자립을 지원하려는 노력은 계속 진행되어야 한다.

5-3 폐쇄된 병영 생활과 인권

병영 생활은 일반적으로 폐쇄된 환경 속에서 이루어진다. 그만큼 인권 침해 사건이 발생할 소지가 크다고 하겠다.

2018년 시행된 '군 인권업무 훈령'은 군 인권정책에 대한 종합계획 수립 및 시행, 군 인권교육, 군 인권상담, 군 인권실태에 대한 조사, 군 내 인권침해 사건의 조사 및 처리 등 군 인권업무 수행에 필요한 사항을 규정해 장병 및 군무원의 인권 보호와 향상을 목적으로 하고 있다. 군 인권교육의 목표는 군인이 제복 입은 시민의 권리와 책임을 인식하고 인권을 존중하는 병영문화를 확산하는데 있다.

군내 인권침해는 국방부와 그 소속기관·국방부직할부대(기관)·합동참모본부 및 각 군 소속 장병 등의 업무수행과정 또는 병영생활에서 발생하는 인권침해나 차별행위를 말한다. 조사담당자는 진정인 등에게 법령을 공정하게 적용하고 피진정인이 소속된 부대(기관) 또는 부서의 장이나 진정인 등의 의견을 충분히 수렴하여야 한다. 조사담당자는 또한 사건을 접수할 때부터 종결할 때까지 진정인 등에게 사건 처리과정과 결과를 친절하게 안내, 진정인 등이 이해할 수 있도록 성실하게 노력해야 한다.

2018년 시행된 '군 수사절차상 인권보호 등에 관한 훈령'은 수사업무 종사자인 군검사, 군사법경찰관, 군사법경찰리가 군 수사절차상 준수할 내용을 구체적으로 규정, 사건관계인인 피의자, 피고인, 참고인, 고소인, 피해자의 인권을 보장하는데 목적을 둔다. 동 훈령은 어떠한 경우에도 피의자 등 사건관계인에게 고문 등 가혹행위를 하면 안 되며 군검사는 가혹행위로 임의성을 인정하기 어려운 자백을 증거로 사용하면 아니 되도록 규정하고 있다. 진술거부권을 고지받지 못하거나 변호인과 접견·교통이 제한된 상태에서 한 자백도 이와 같다. 그리고 합리적 이유 없이 사건관계인의 계급, 직위, 성별, 종교, 나이, 장애, 사회적 신분, 출신지역, 인종, 국적, 외모 등 신체조건, 병력(病歷), 혼인 여부, 정치적 의견 및 성적(性的) 지향 등을 이유로 차별하면 아니 되도록 규정하고 있다.

나아가 수사업무 종사자는 객관적인 입장에서 공정하게 수사하고 주어진 권한을 자의적으로 행사하거나 남용하면 아니 되며, 아울러 수사의 공정성을 의심받을 염려가 있는 경우에 사건 재배당을 요청하거나 소속 상급자에게 보고하는 등 필요한 조치를 해야 한다. 수사의 전 과정에서 사건관계인의 사생활의 비밀을 보호하고 그들의 명예나 신용이 훼손되지 않도록 노력하며 수사과정에서 원칙적으로 임의수사를 활용하고 강제수사는 필요한 경우에 법이 정한 바에 따라 최소한의 범위 내에서 하도록 되어 있다.

강제수사가 필요한 경우에도 대상자의 권익 침해의 정도가 더 낮은 수사 절차와 방법을 강구하도록 규정되어 있다. 또한 내사·수사한 결과, 범죄혐의가 없다고 인정되면 신속히 내사·수사를 종결해 불안정한 지위에서 벗어날 수 있도록 하여야 한다. 나아가 체포·구속은 헌법상 무죄추정의 원칙에 따라 형사소송의 목적을 달성하는데 필요 최소한의 범위에 그쳐야 하고 남용하면 아니 되도록 규정하고 있다. 군검사는 그리고 피의자의 자백이 경험법칙에 위배되는 등 합리성이 의심되는 경우 자백 경위를 따져 그 신빙성 유무를 검토해야 하며 공범의 진술이 피의자 혐의를 인정할 유일한 증거인 경우, 그 증명력 판단에 더욱 신중을 기하도록 규정하고 있다.

5-4 혐오표현에 의한 인권 침해

　근년 들어 전 세계적으로 누리 소통망(Social Networking Service: SNS)[11]의 사용자가 늘면서 사용자 간의 자유로운 의사소통과 정보 공유, 그리고 인맥 확대 등 긍정적 효과가 적지 않게 나타나고 있다. 그러나 그에 따른 사회적 부작용 또한 만만치 않게 나타나고 있다. SNS상에 나타난 언어폭력을 견디다 못한 유명 연예인들이 자살이라는 극단적 선택을 하는 경우가 여기에 해당된다. 수사기관에 '고발'하는 연예인 관련 기사가 수시로 언론에 보도되는 것을 보면 그 피해가 적지 않다는 것을 알 수 있다. 우리 사회에서 SNS 시장을 주도하고 있는 페이스북(Facebook)과 트위터(Twitter)의 이용자 수가 이미 2018년에 18억 명을 돌파했으며, 그 지속적인 증가 추세는 당분간 멈추지 않을 것으로 예상된다. SNS상의 관계망 서비스를 통해 사회적 관계망이 생성, 유지, 강화, 확장되고 정보 공유와 유통이 원활해지는 현상은, 사회의 민주성을 강화해 주는 복음으로 비치기도 한다. 그러나 다른 한편 SNS의 익명성 뒤에 숨어 언어폭력을 서슴지 않는 행태는 인격적 살인과 마찬가지로 심각한 인권 침해를 유발한다고 보는 비판적 시각도 없지 않다.

　일부 인사들은 SNS의 부작용을 방지하기 위해 당국에서 실명제로 제도화해야 한다고 주장하는가 하면, 실명제 반대파들은 "민주적 의사

---

11) '사회관계망서비스(Social Networking Service: SNS)'를 가리키는 순수 우리말이다. 사회 일각에서는 우리말 다듬기 차원에서 '소셜 네트워크 서비스'를 '누리 소통망', '사회 관계망 서비스' 등으로 순화된 표현으로 다듬었다.

소통을 저해할 수 있다", "사생활을 침해할 수 있다" 또는 "SNS 등 새로운 소통 방식의 발전을 저해할 우려가 있다"는 등의 이유를 들어 SNS 소통의 실명제 전환에 반대한다. 이러한 논의들은 넓은 의미에 있어서의 '정보접근권(right of access to information)' 및 '정보인권'에 관한 논의들과 연계된다.

최근 국내에서 '정보인권'이라는 용어가 종종 등장하는데 그 개념이 다소 모호하고 국제적으로 논의되는 용어 중에서 이에 상응하는 적절한 용어를 찾기가 쉽지 않다. 단순하게 정보에 대한 권리를 지칭하는 표현으로 이해되고 있다.

정보접근권은 대체로 공공기관이 보유하고 있는 정보에 접근할 권리로 이해될 수 있으나 주요 인권조약에 정보접근권을 명시한 조항은 없다. 그러나 인권조약에 명시된 권리가 없다고 해서 정보접근권은 인권이 아니라고 해석하거나 그것을 보장하지 않는다고 해석하면 아니 된다. 정보접근권은 인권조약의 다른 권리 목록으로 보장되고 있다. 표현의 자유, 사생활의 권리, 공정한 재판을 받을 권리, 생명권, 차별금지 등으로 보장되고 있다. 뿐만 아니라 최근 경제적·사회적 권리에 근거해 인정하려는 경향도 있다. 정보접근권은 깨끗한 환경, 충분한 주거, 의료, 교육, 문화, 복지 등 사실상 거의 모든 인권의 실현을 위한 초석이라고 말하는 사람도 있다.

정보접근권의 인정 또는 성립 기준과 한계는 정보접근권을 인권조약의 다른 권리 목록에 의거하기 때문에 발생한다. 국제적 논의는 아직까지도 이것을 다른 권리의 실현에 필요한 수단적 권리 또는 그로부터 파생되는 권리라고 본다. 인권조약은 당사국에게 국제법상 구속력 있는 구체적 의무를 부과한다는 점에서 고유한 내재적 가치를 지닌 권리로 인정해야 한다.

최근 한국의 인터넷 공간에서는 ○○충(蟲)이라는 용어가 빈번하게 사용되고 있다. 이 단어는 일정한 성별이나 계층 등에 대한 비하, 무시, 경멸의 의미를 담고 있다. 이런 신조어는 자칫 특정 개인이나 집단의 명예나 사생활을 침해할 수 있다는 점에서 규제 대상에 포함해야 하는지를 두고 논란이 일고 있다.

그런데 다양한 정보통신 수단을 바탕으로 다른 사람의 권리나 이익을 침해, 사회적 윤리를 해치는 경우는 헌법에서 명시한 표현의 자유를 벗어난 것으로 법률에 따른 규제 대상이 될 수 있다. 혐오표현 문제는 과연 어디까지 용인되어야 하는지 사람마다 상당한 견해 차이가 있다. 1940년대 중반부터 미국에서 표현의 자유와 관련한 헌법문제로 다루어졌던 사례와 밀접한 관련이 있다. 그런데도 한국 사람에게 이 문제가 익숙하지 않은 이유는 미국처럼 다인종, 다문화 등에 바탕을 두는 국가가 아니라는 점, 수정헌법에서 보장한 표현의 자유에 대한 해석이 사람마다 다르다는 점 등에서 찾을 수 있을 것이다(이광진, 2017).

오늘날 외국인의 결혼이민, 취업비자, 불법체류 등의 현상은 한국 사회에서 빈번하게 접할 수 있는 현상인 바, 소수자의 사회 진출이 시작되면서 그들이 공공장소에서 권익을 주장하는 기회가 심심치 않게 발생하고 있다. 이에 외국인이나 성소수자 등 특정 집단에 대한 부정적 표현은 매우 일상적으로 일어나고 있으며 인터넷을 24시간 활발하게 접속하는 한국인들은 부지불식간에 그러한 표현을 접하게 된다.

일반적으로 혐오표현은 인종, 피부색, 국가, 성별, 장애, 종교, 성적 취향 등과 같은 개인이나 집단 특성을 이유로 개인이나 집단에 대한 악의적 행동, 의도적 폄하, 강한 경멸을 불러일으킬 수 있는 의사표시다. 이러한 혐오표현은 특정 개인이나 집단에 대해 수치심, 모욕감, 굴욕감, 두려움을 야기하는 신체적 또는 정신적 고통을 유도하기도 한다. 어떤 경우는 차별행위, 폭력 등 구체적 행동을 선동하고 실천하는 사람도 있다. 혐오표현은 불특정 다수에게 쉽게 전파될 수 있으며, 그것을 희화화한다는 점에서 심각한 정서 문제로 떠오르고 있다.

혐오표현과 관련된 문제에 대해 정부에서 대책을 마련하고 고민할 필요가 있는데 어디까지 표현의 자유를 인정할 것인지, 혐오표현도 의사표현의 한 방법으로 용인할 것인지 그렇지 않은지와 같은 문제를 다각도로 고민할 필요가 있다. 한국을 비롯한 세계 각국에서 혐오표현 해결이 어려운 이유는 인터넷을 매개로 하는 사회관계망 서비스(SNS)가 매우 활발하기 때문이다. 현대사회에서 SNS가 개인의 의사 표현 수단으로 매우 중요한 위치를 차지하고 있기 때문에 그 자체를 인위적으로 막는 것은 불가능에 가깝다. 여러 순기능에도 불구하고 각종 혐오표현이 담긴 게시물의 난무는 적지 않은 역기능을 낳고 있다는 점은 명심해야 할 것이다.

혐오표현에 대한 대응은 각국의 정치적·사회적·문화적 환경의 차이에 따라 다르게 나타난다. 온라인에서 일어나는 혐오표현을 금지하고 있는 대표적 사례는 유럽연합에서 찾아볼 수 있다. 유럽연합은 온라인에서의 혐오표현 증가에 대응해 인종차별적, 외국인혐오 범죄를 금지하는데 목적을 둔 추가의정서를 채택하고 있다.

사이버범죄 협약 조항을 보충하는 차원에서 채택된 추가의정서는 컴퓨터 시스템이 의사소통의 자유를 촉진하는 수단이고 표현의 자유가 민주주의 발전의 기본조건이라는 점을 확인하면서 컴퓨터 시스템의 오용이나 남용의 위험성을 방지하는 목적을 담아 명문화되었다. 이때 고의성이 있을 때만 처벌되므로 이러한 유형에 해당하는 표현을 게시한 인터넷 제공 기관은 일반적으로 처벌 대상이 아니라는 것이다. 다만, 이러한 게시물의 삭제를 통보받았지만 이를 이행하지 않은 곳의 책임을 묻는 것까지 금지하고 있지는 않다.

유럽연합은 유럽인권규약에서 표현의 자유를 보장하면서 타인의 명예 보호를 목적으로 부과하는 제약을 허용하고 있다. 유럽인권재판소도 표현의 자유와 혐오표현의 금지가 문제된 사례에서 혐오표현의 금지를 지지했다. 독일도 온라인 혐오표현에 대중선동죄를 적용하고 있다.

공공장소에서의 증오의 선동과 표현내용으로 식별되는 집단에 대한 악의적 증오의 조성은 구분되어야 한다. 전자는 공공의 평화를 침해한 경우를 대상으로 하며 후자는 악의(고의)적으로 증오를 조장한 경우에 해당된다. 따라서 악의를 가지고 증오를 조성할 의도가 있으면 그것의 실현 여부와 관계없이 처벌할 수 있다. 다만, 캐나다에서는 그 처벌조항이 최소한을 넘어서는 아니 된다는 결정이 있었으므로 독일과 같이 외국에서 일어난 혐오표현이 캐나다 국내에서 결과적 영향력을 발생한 경우 처벌 가능성은 명확하지 않다.

한국은 인종차별철폐 국제협약과 자유권 규약의 체약국으로서 혐오표현을 금지할 입법의무를 부담하고 있다. 현재 혐오표현을 직접 규제하는 법률이 제정되어 있지 않기 때문에 온라인이나 오프라인에서의 혐오표현에 대한 직접 금지나 규제 가능성은 높지 않다. 표현의 자유는 정치적·사회적·문화적 영역에서 자유로운 의사 형성 기능을 수행하므로 최대한 보장되어야 한다. 그러나 혐오표현이 사회적 해악을 갖는다면 규제 대상이 되기 이전에 표현의 자유의 내재적 한계를 벗어난 것으로 볼 수도 있다.

혐오표현 방지는 개인이나 단체에 대한 물리력을 행사할 때 별다른 이의 없이 처벌이 가능하다고 볼 수 있다. 그런데 증오나 차별을 고취(선동)하는 것을 금지 대상으로 할 것인지의 문제는 다르다고 하겠다. 그것은 사람의 내면의 문제라는 점에서 신중하게 판단되어야 한다. 그러나 순간적으로 불쾌한 감정을 일으키거나 무례한 표현과 달리 증오와 차별을 고취하는 표현은 금지 대상으로 여겨질 수도 있다.

혐오표현을 금지한다면, 그 사유를 어떻게 정할 것인지를 생각해 봐야 한다. 국제인권규약은 인종, 피부색, 종교와 관련된 혐오표현을 금지하고 있다. 캐나다도 과거에는 성적 지향을 혐오표현의 금지대상으로 명시하고 있지 않았지만, 시간이 흘러 성적 지향에 따른 단체에 대한 혐오표현을 처벌 대상으로 하고 있다.

2019년부터 시행된 '혐오차별 대응 특별추진위원회 설치 및 운영에 관한 규정'은 혐오차별 문제의 공론화와 대응 방안을 검토·자문, 혐오차별 대응 특별추진위원회의 설치와 그 구성 및 운영에 관한 사항을 규정하고 있다. 그 규정에 근거하여 혐오차별과 관련한 정책의 제언, 혐오차별의 예방을 위한 홍보 및 교육, 혐오차별 관련 국가기관 및 지방자치단체 등과의 협의, 국내외 인권기구·단체 등과의 교류·협력, 그 밖에 국가인권위원장이 필요하다고 인정하는 사항을 검토 자문할 수 있다.

6. 인류의 역사는 국가 공권력에 의한 '인권 탄압의 역사'다

인권은 고대사회 이래 국가 공권력과 종교에 의해 주로 억압받고 탄압받았다. 그러나 종교 권력이 인권을 침해하던 중세 당시 종교 권력이 세속 권력까지 장악하고 있었다는 점에서, 당시 인권 탄압에 행사된 '종교 권력'은 하나의 '공권력'으로 이해되어야 할 것이다.

공권력(公權力)은 국가 기관이 행사하는 권력을 말한다. 공권력은 국가에 의해서 독점된다. 국가공권력은 합법적으로 폭력을 행사할 수 있는 정통성을 갖는다. 근세 이전 '왕권신수설'이 주장되던 때 국가 권력은 하늘에 의해 부여된 것으로 이해되기도 하였으나, 오늘날의 민주 사회에서 국가 권력은 피치자(被治者)의 동의에 근거하고 있는 것으로 이해된다. 따라서 정부가 물리력을 행사할 수 있기 위해서는 그 정당성을 사회 구성원으로부터 승인받아야 한다. 그리고 국가 공권력은 마땅히 최소한의 범위에 한정되어야 한다. 인신의 구속은 물론 사회사상(事象)에 대한 비판의 자유도 국가공권력에 의해 유보되거나 박탈되어서는 아니 된다.

공권력은 흔히 국가안보와 질서 유지의 이름으로 시민의 자유를 억압한다. 시민의 자유와 질서 유지는 균형을 유지해야 한다. 시민의 자유가 상대적으로 더 강조되는 분위기 속에서 공권력의 '질서 유지' 기능은 움츠러들 수밖에 없다. '1987년 체제' 이후의 우리 사회 분위기가 그러한 상황에 처해 있다.

'인권'은 범죄 피의자들의 인권을 보호하기 위해 강조되어야 하기보다는, 선량한 국민들을 보호하기 위해 강조되어야 한다. 물론 국가폭력이 일상화된, 인권 발전의 일정 단계에서는 피의자들의 인권 보호가 먼저 강조될 수밖에 없다는 점을 인정하지 않을 수 없지만 앞서 지적한 바와 같이 우리 사회에서 국가공권력이 '일방적 가해자'로 비춰지는 것은, 일제 강점기에 행사된 국가 폭력이라는 역사적 유산의 영향 때문일 수도 있을 것이다. 그러나 1인당 개인 소득이 3만 달러를 넘어선 오늘날 '국가공권력과 인권' 문제에 대한 사회구성원들의 관점은 균형 잡힌 그것으로 바뀔 필요가 있다.

인류의 역사는 국가 공권력에 의한 '인권 탄압의 역사'라고 할 수 있다. 반체제인사들에 대한 '처형 제도'가 대표적이다. 고문 또한 인간의 존엄성을 침해하는 대표적인 인권 침해 사례다. 고문은 '미개 국가'에서만 자행되는 것은 아니다. 21세기의 대명천지(大明天地)에 그것도 선진민주 국가에서도 고문은 공공연하게 자행되고 있는 것이 현실이다. 2014년 다이앤 파인스타인 미국 상원 정보위원장이 공개한 'CIA 고문 보고서'에는 알카에다 대원들을 상대로 자행된 미국중앙정보국(CIA)의 고문 실태가 적나라하게 제시되어 있다.

다시 한번 강조하지만, 경찰력 등 국가공권력의 기본 사명은 국민

일반(public at large)의 인권을 보호하고 공공질서를 유지하는 데 있다. 우리 사회의 시민 의식이 시대 변화에 발맞춰 균형을 되찾는 날이 오기를 기대한다.

CHAPTER 7

국제적 인권 문제

1. 외국인과 이주민의 인권

　　인권은 양차 세계대전이 끝나고 세계 질서를 장악한 강대국들의 이익에 부합하는 특수한 가치로 논의되기도 하는데 이를 상대주의적 인권이라고 부른다. 상대주의적 인권은 주로 인권을 침해했다고 비판받는 국가에 의해 반론의 논리로 제시된다. 인권은 고귀한 가치지만 현실을 무시하고 판단하는 것 자체가 강대국의 이중 잣대라는 것이다. 인권의 역사는 곧 위선의 역사이며, 인권을 움직이는 보이지 않는 손이 존재한다는 것이다. 인권 논의에서 보편주의 관점과 상대주의 관점 중 어느 하나만을 적용하는 것은 어렵다.

　인권은 분명 보편적이지만 각 나라의 인권 문제를 똑같은 방법으로 접근할 수는 없다. 인권의 중요성을 아무리 강조해도 그것이 현실에서 제대로 결합되지 않는다면 의미가 퇴색한다. 따라서 보편적 인권을 보장하려면 각국의 역사와 정치경제적 상황, 국제 관계를 파악할 필요가 있는데 이를 맥락적 보편주의라고 한다. 맥락적 보편주의는 인권의 보편성을 존중하면서 그것을 구체적 현실에 적용할 방법에 깊은 관심을 가진다.

　우리 사회는 아직 외국인을 사회의 일부로 받아들이지 못하고 있다. 외국인 관광객의 증가는 환영하면서도 이웃에 있는 이주노동자에 대한 시선은 아직 차갑다. 어느 쪽이든 외국인을 그저 우리 바깥에 있는 사람으로 본다. 국내법에서 이주노동자는 원칙이 아닌 예외로 취급되고 있다. 한국 사회에서 인종차별을 비롯한 인권 개념이 아직 익숙하지 못한 것은 사실이다. 그러나 국제이주와 이주노동이 보편화되는 흐름에서 배제하는 태도로 이주노동자에 대한 처우를 지속하기는 어렵다(공수진·박민영·이동호, 2011).

　한국의 외국인노동자 정책은 어떤 외국인노동자를 받아들여 국내 노동시장에 공급할 것인지 고민하는 노동력 수급시스템을 중요하게 여겼다. 그러다보니 외국인노동자의 인권 문제와 통합 정책은 등한시되는 모습도 보였다. 다만, 법률의 정비로 외국인노동자의 권리 보장은 크게 개선되었고 경제 상황의 변동도 영향을 주었다. 10여년 전 외국인의 인권존중과 사회통합을 정책목표로 설정한 다음, 규제와 통제 위주의 기존 관리 방식에서 통합으로 방향이 달라졌다(손영화, 2018).

한국의 외국인노동자 정책은 과거와 많이 달라졌다. 외국인 관련법은 외국인이 한국 사회에 통합되고 다문화가정을 지향한다는 점이 전제되고 있다. 국제결혼의 확대로 결혼이민자(한국 거주 외국인 배우자)와 그 자녀의 한국 사회 적응 문제, 가족 간 갈등, 차별 등 인권문제가 대두되고 있다. 그렇지만 외국인노동자나 불법체류자는 사실상 인권의 사각지대에 놓여있다. 전국에 외국인노동자 지원센터가 설립되어 있으나 비숙련 노동자에 대한 한국어 교육과 문화 적응 교육 등이 시행되지 못하고 있다.

일부 불법체류 외국인노동자에 대해서는 인도적 차원에서 긴급의료, 아동 교육권 등이 제공되고, 국내 민간단체 등이 참여해 상담, 노동재해 등 복지서비스를 제공하고 있다. 한국인과의 국제결혼을 통해 국내에 거주하고 있는 결혼이민자에 대해서는 다문화가족지원센터를 설치 운영하여 다문화가족의 한국사회 적응, 가족 내 관계 증진 교육, 한국어교육, 방문교육, 상담, 정보 안내, 통·번역 서비스, 자녀 언어발달지원 서비스 등을 제공하고 있다.

외국인노동자에 대한 인권침해 방지라는 시각에서 이들에 대한 법률, 정책, 사업, 프로그램은 이미 집행되어 소기의 성과를 달성하고 있다. 그렇지만 이미 다문화사회로 빠르게 진입한 한국 사회는 외국인노동자의 인권을 더욱 존중하고 보호할 필요가 있다. 외국인노동자는 한국의 부족한 노동력을 보충해 주는 역할이 아닌 한국 사회의 일원으로서 사회통합의 대상이 되어야 한다. 일자리 순환에 초점을 맞추기보다 정주(定住) 또는 이민 정책으로 전환할 필요가 있다. 현재 노동시장 수급

여건을 고려하면 외국노동자는 더 필요하다.

2018년 시행된 '다문화가족지원법'은 다문화가족 구성원이 안정적인 가족생활을 영위하고 사회구성원으로서의 역할과 책임을 다할 수 있도록 하며 삶의 질 향상과 사회통합에 기여하도록 하는데 목적을 두고 있다. 국가와 지방자치단체는 다문화가족 구성원이 안정적인 가족생활을 영위하고 경제·사회·문화 등 각 분야에서 사회구성원으로서의 역할과 책임을 다할 수 있도록 필요한 제도와 여건을 조성하고 이를 위한 시책을 수립·시행하고, 다문화가족에 대한 사회적 차별 및 편견을 예방하고 사회구성원이 문화적 다양성을 인정하고 존중할 수 있도록 다문화 이해 교육을 실시하고 홍보 등 필요한 조치를 해야 한다. 또한 국가와 지방자치단체는 다문화가족이 민주적이고 양성평등한 가족 관계를 누릴 수 있도록 가족상담, 부부교육, 부모교육, 가족생활교육 등을 추진할 때 문화 차이 등을 고려한 전문적인 서비스가 제공될 수 있도록 노력해야 한다.

아직 본격적으로 제기된 문제는 아니지만, 난민 문제는 한국 사회가 해결해야 될 또 하나의 외국인 인권 문제다. 죽음을 무릅쓰고 바다 또는 국경을 건너는 난민 문제는 인간 존엄을 지키고 실현할 수 있도록 하는 인류애 발현이라고 할 수 있다. 자연인으로서의 난민에 대한 이해도 중요하지만 정치사회적이며 국제관계 요소를 지닌 난민문제에 대한 이해는 다소 다를 수 있다.

과거 난민법 제정과 개정 과정에서 정부는 난민정책을 이민정책과 연계하여 인식하려고 했다. 정부는 난민정책이 국제적 기준에 부합하면서도 난민제도가 오남용되지 않도록 노력하고 있다. 반면 시민단체는 난민법이 국제 기준에 더 맞도록 개정되어야 한다고 주장한다.

두 입장은 규범적 차원에서 난민의 인권을 보호해야 한다는 공통 인식이 있지만, 보호 방법에 대한 차이를 찾아볼 수 있다. 정부는 난민법이 한국 내 난민신청과 난민정착지원 등의 내용을 포괄하고 있으며 향후 개정할 부분도 있으나 긍정적이라고 자평한다. 반면 시민단체는 난민인정 절차의 비합리적 요소를 지적하고 이민 통제적 시각에서 난민신청을 제한하는 요소를 국제 기준에 맞게 보완해야 한다고 주장한다.

난민을 한국 사회 공동체 구성원으로 수용한다면 난민은 권리와 의무를 동시에 가져야 한다. 난민은 한국사회에서 공동체 구성원으로 살 충분한 기회를 제공받아야 한다. 난민 위기에 합리적으로 대처하기 위해서는 난민 개인의 인권과 관련된 문제와 그 발생과 이동에서 나타나는 난민문제를 동시에 고려해야 한다.

2. 인권선진국 미국의 인권 침해 사례

앞서 밝혔듯이, 고문은 인권이 존중되지 않는 '미개 국가'에서만 자행되는 것은 아니다. 이전 세기에는 식민지 국민이나 소수 민족에 대한 박해 수단으로 널리 자행되었던 고문이 21세기의 대명천지(大明天地)에, 그것도 미국과 같은 인권선진국에서도 공공연하게 자행되고 있는 것이 현실이다.

다이앤 파인스타인(Dianne Goldman Berman Feinstein, 1933~) 미국 상원 정보위원장은 2014년 12월 9일(현지시간) 미국 중앙정보국(CIA)에 의해 자행된 고문 실태보고서 요약본을 공개했다. 이 'CIA 고문 보고서(CIA Torture report, 보고서의 공식 명칭은 Committee Study of the Central Intelligence Agency's Detention and Interrogation Program)'에는 2001년 9·11 사태 이후 유럽과 아시아의 비밀시설에 수감된 알카에다 대원들을 상대로 자행된 CIA의 고문 실태가 구체적으로 적시되어 있다.

이 보고서는 CIA가 수감자를 상대로 구타는 물론이고 성고문, 모의 처형, 잠 안 재우기, 손을 머리 위로 묶어 매달기, 항문을 통한 음식물 투여(rectal feeding), 좁은 공간에 가두고 곤충 집어넣기 같은 가혹행위까지 행한 것으로 밝혔다. 물론 CIA는 '고문'이라는 용어 대신 '선진 심문(enhanced interrogation) 프로그램'이라는 순화된 용어를 사용했으나, 그 수법은 CIA가 그동안 의회나 언론에 공개한 것보다 훨씬 끔찍하고 잔혹한 것으로 드러났다.

이 보고서 요약본을 공개한 파인스타인 상원 정보위원장은 "이 보고서를 공개하는 것은 미국이 중시하는 가치를 회복하고, 미국이 진정 합법적이고 정당한 사회임을 세계에 알리기 위한 중요한 발걸음"이라며 "CIA가 비밀리에 최소 119명의 개인을 가두고 때로는 고문에 가까운 강압적인 심문 기법을 사용한 사실이 밝혀졌다"고 말했다.

이 보고서에 대해 정보위 소속 공화당 의원들은 "CIA 심문 프로그램이 미국인의 생명을 살리고 알카에다 세력을 약화시키는데 결정적 역할을 했다고 확신한다"는 내용의 비판 성명을 냈다. 한편 존 브레넌

(John Owen Brennan) 전 CIA국장 등은 실수를 인정하면서도 심문 프로그램이 비효율적이라는 보고서의 핵심 논지는 반박했다.

오바마(Barack Hussein Obama II, 1961~) 미국 대통령(재임 기간: 2009년 1월 20일 - 2017년 1월 20일)은 이 보고서의 공개와 관련하여 즉각 보고서 공개를 환영하고 고문 금지를 약속했다. 그러나 고문 관련자들에 대한 형사처벌은 역사에 맡기자며 반대했다.

3. 북한의 인권

2015년 9월 시리아 난민 아동이 터키 해변에서 죽은 채 발견되었다. 난민 문제는 먼 나라에서만 벌어지는 일이 아니다. 현재 북한을 탈출해 제3국에 체류 중인 탈북 난민이 적지 않다. 탈북 난민 중 일부는 한국이나 미국으로의 망명에 성공해도 상당수의 탈북 난민이 북한으로 강제 송환되고 있는 것이 현실이다. 강제 송환된 탈북 난민은 북한 송환 후 처형, 고문 등 심대한 인권 침해를 당하는 것으로 알려지고 있다. 또한 제3국에 은신하는 과정에서도 각종 인권 침해가 발생하는 것으로 알려지고 있다. 탈북민의 인권침해에 대한 대응은 보편적 가치를 보호하는 길이다(조소연, 2015).

강제 송환된 탈북민의 총체적 인권이 북한 인권 문제의 초점이지만 무국적 탈북자 문제도 관심의 대상이 되어야 할 것이다. 특히 어느 국가에서도 보호받지 못하는 무국적 탈북자는 동포애, 인도주의와 보편적 인권보호 차원에서 해결되어야 할 문제다. 앞으로 통일 대비 국가전략 차원에서도 주요한 사안이 될 수밖에 없다. 현재 무국적 탈북자가 갖는 가장 큰 문제는 신원이 보장되지 않는다는데 있다. 무국적 탈북자처럼 신원이 불분명하면 특히 범죄 대상이 되는 등 취약한 사회적 위치에 놓일 가능성이 높다. 무국적 탈북민 가운데서도 아동은 아동권리규약에 따라 우선 보호받아야 할 것이다(장복희, 2010 : 275-276).

탈북민 인권은 세계인권선언에 명시된 강제송환금지 원칙에 의거해 보호받아야 한다. 북한 주민은 한국의 국민이며 한국 정부의 보호대상이 된다는 원칙과 정신이 강조될 필요가 있다.

2016년 시행된 '북한인권법'은 북한주민의 인권 보호 및 증진을 위하여 유엔 세계인권선언 등 국제인권규약에 규정된 자유권 및 생존권을 추구, 북한주민의 인권 보호 및 증진을 목적으로 한다. 정부는 북한주민이 인간으로서의 존엄과 가치를 가지며 행복을 추구할 권리를 지니는 바, 북한주민의 인권 보호 및 증진에 노력하여야 한다. 대한민국 정부는 북한 인권증진 노력과 함께 남북관계의 발전과 한반도에서의 평화정착을 위해서도 노력하여야 한다. 한국 정부는 북한 인권증진을 위하여 필요한 재원을 지속적·안정적으로 마련하여야 한다. 정부는 또한 북한 인권증진과 관련된 중요사항에 대해 남북 인권대화를 추진할 필요가 있을 것이다.

대한민국 정부는 북한의 인권증진을 위하여 북한주민에 대한 인도적 지원을 북한 당국 또는 북한의 기관에 제공하는 경우에, 국제적으로 인정되는 인도(引渡)기준에 따라 투명하게 추진하고, 임산부 및 영유아 등 취약계층에 대한 지원을 우선하여야 한다. 한국 정부는 또한 북한 인권증진을 위한 인적교류 · 정보교환 등과 관련하여 국제기구 · 국제단체 및 외국 정부 등과 협력하며, 북한 인권증진에 대한 국제사회의 관심을 제고하기 위하여 노력하여야 한다. 북한 인권증진을 위한 국제적 협력을 위하여 외교부에 북한인권대외직명대사(이하 '북한인권국제협력대사'라 한다)를 둘 수 있도록 하고 있다.

북한인권정보센터에서 매년 펴내는 「북한인권백서」는 북한의 인권침해상황을 사건 유형별로 자세히 소개하고 있다. 2019년 현재 11번째 출판된 이 백서는 탈북민들의 진술을 바탕으로 수집된 피해 사례들을 소개하고 있다. 이 백서는 송환된 탈북민 등에 가해지는 잔인한 인권 피해 상황을 소상하게 다루고 있는 바, 그 속에는 "삽으로 사람을 때려죽인다"든가, "몽둥이로 때린다"든가 또는 "매춘을 강제 당한다"는 등의 잔혹한 내용이 적나라하게 드러나 있다.

북한주민의 인권 문제는 오늘날 미의회와 유엔 등 국제기구의 주요 관심사가 되고 있다. 미 의회는 2010년 9월 에드 로이스 의원(공화당 캘리포니아)의 주도로 북한 인권 관련 청문회가 개최되기도 했다. 그는 이 청문회에서 "러시아의 극동지역에서 벌목공으로 일하는 북한인 조모 씨의 증언에 따르면 노동자 4만 명이 하루 15시간씩 일하면서 노임의 80%를 북한 정권에 착취당한다고 한다"며 "현대판 노예와 다를 바 없다"고 주장하기도 했다. (동아일보 2010-09-25자 보도 참조)

한편 유.엔에서도 북한인권에 대해 깊은 관심을 가지는 바, 유엔총회 제3위원회는 2019년 11월 14일 북한인권 결의안을 15년 연속으로 채택했다. 미국과 프랑스 등 61개국이 공동제안국으로 참여한 이 결의안에 한국 정부는 참여하지 않았다. 우리나라 외교부는 한국 정부가 한반도 정세 등 상황을 종합적으로 감안해 북한 인권결의안 공동제안국에 참여하지 않았다고 밝히면서, 북한 주민들의 실질적 인권 증진을 위해 노력한다는 기본 입장에 변함이 없다고 밝혔다. 유엔의 북한 인권결의안에 한국 정부가 11년 만에 공동제안국으로 참여하지 않은 것에 대해 야권에서는 "천부인권의 문제를 정치적으로 판단하고 재단하는 정부의 인권 의식이 참으로 개탄스럽다"고 비판하는가 하면, 집권 여당에서는 "공동제안국 불참은 남북관계 복원과 비핵화 협상 추동을 위한 노력의 일환"이라며 정부의 결정을 옹호했다.

  공동제안국들은 결의안을 제출하면서 "북한 내 광범위한 인권 유린 상황에 변함이 없다고 지적하면서, 이런 심각한 상황을 국제형사재판소(International Criminal Court: ICC)에 회부하여 책임자들에게 제재를 가하는 등 유엔 안보리가 책임을 추궁할 것"을 촉구하였다.

인권
이야기
Human Rights

제3편

인권 수준의 제고를 위해 무엇을 어떻게 하여야 할 것인가?

CHAPTER 8

인권 수준 제고를 위한 정책 과제

1. 사회 전반의 인권감수성 제고

사회 전반의 인권을 향상시키기 위해서는 기본적으로 사회 구성원들의 '인권감수성(Human Rights Sensitivity)'이 제고되어야 할 것이다. 인권감수성은 인권 문제가 발생한 상황에서 이를 제대로 지각하고, 그 문제와 관련된 행동이 당사자에게 어떤 영향을 미칠지를 예측하며, 자신에게 이러한 상황을 해결해야 한다는 책임을 인식하는 심리적 과정을 말한다(문용린 외, 2002: 11).

이와는 달리 인권의식(Human Rights Awareness)은 개인이 인권을 인식하고 자신과 타인의 인권을 존중하며 이를 적극적으로 수호하고 옹호한다는 의미를 지닌다. 인권의식은 지식(knowledge), 평가(evaluation), 경험(experience), 감수성(sensitivity), 헌신(commitment), 행동(behavior)이라는 요소로도 말할 수 있는데, 인권감수성은 일상에서 나타나는 사소한 자극이나 사건이라도 인권적 시각에서 발견하고 이를 인권 옹호 행동을 도출하는데 활용하기 때문에 중요성을 지닌다.

부연하자면, '감수성'이란 일반적으로 외부의 자극을 쉽게 받아들이고 느끼기 쉬운 상태를 말한다. 그리고 '인권(人權, Human Rights)'이란 인간이 개인 또는 사회구성원으로서 마땅히 누리고 행사하는 기본적인 자유와 권리를 말한다. '인권감수성(人權 感受性)'이란, 따라서 "특정한 사회적 상황을 인권관련 상황으로 지각하고 인권을 제고하기 위해 행동하고자 하는 심리 상태"로 정의될 수 있을 것이다.

'인권감수성'이라는 용어는 1990년 초부터 인권단체들에 의해 사용된 것으로 알려져 있다. 그러나 아직 전문가들이 합의한 구체적 정의는 없다. 국가인권위원회 사이버인권배움터에서는 '인권감수성'을, "인권 문제가 관련된 상황에서 그 상황을 인권관련 상황으로 지각하고 해석하며, 그 상황에서 가능한 행동이 다른 관련된 사람들에게 어떠한 영향을 미칠지를 알고, 그 상황을 해결하기 위한 책임이 자신에게 있다고 인식하는 심리 과정"으로 정의하고 있다.

'인권감수성'이라는 용어가 널리 사용되기 시작한 것은 2000년대 초반 인권단체 또는 인권활동가에 의해서였는데 국가인권위원회에서 '인권감수성 교육' 등을 실시하면서 사회적으로 알려지기 시작했다. 인권감수성은 인권침해를 예방할 수 있는 개념이므로 인권 논의나 담론에서 빼놓을 수 없다.

어떤 연구자는 '인권감수성' 대신 '인권민감성'이라는 용어를 사용한다(정선영, 2006, 기순임, 2011, 남연희 외, 2012). 이러한 상황에서 일부 연구자는 인권 용어부터 정리할 필요가 있다고 주장한다. 다양한 용어를 연구자마다 조금씩 다르게 사용하기 때문에 뚜렷하게 정의되어야 하며 학계와 실무자의 합의가 필요하다는 주장이 제기되기도 한다.

인권 관련 현장에서 일반적이고 보편적으로 사용되고 있는 인권의식과 달리, 인권감수성과 관련된 연구는 아직 많이 부족하다는 점이 지적되기도 한다. 이는 인권을 정서적·심리적 측면으로 이해하기 때문이라고 할 수 있다.

게츠(Getz)는 1985년 미국 헌법과 세계인권선언문(Universal Declaration of Human Rights, UN, 1954)을 바탕으로 인권 태도 질문지(Attitudes toward Human Rights Inventory)를 개발해 이를 측정했다. 연구결과 인권 지지 수준은 도덕 추론 수준에 따라 일관성에 차이가 있다는 사실을 밝혀냈다. 즉, 도덕성의 발달과 인권감수성 사이의 상관관계를 확인한 것이다.

인권감수성에 대한 연구는 기본적으로 도덕성과 관련된 경우가 많다. 도덕심리학자 레스트(Rest)는 도덕성을 "도덕민감성(상황을 해석하는 과정), 도덕판단력(어떤 행동이 도덕적으로 옳고 그른지 판단하는 과정), 도덕적 동기화(다른 가치와 비교하여 도덕적 가치를 우선시하는 과정), 및 도덕적 성격(용기를 가지고 인내하며 주의 산만을 극복하고 기술을 실행하는 과정)"의 네 가지 요소로 구성된 것으로 보는 레스트모형을 제안하였다(Rest, 1994; 문용린 외, 2002; 문미희, 2006; 김자영, 2012; 최용성, 2014; 김윤정·조경진, 2017). 이러한 접근에 따라 문용린 외(2002)는 네 가지 심리적 과정을 인권감수성에 대입하고자 했다.

첫째, 인권감수성은 어떤 상황을 먼저 인권 관련 상황으로 지각한 다음에 해석하는 과정을 말한다. 둘째, 인권판단력은 어떠한 상황에서 발생한 행동을 인권과 관련하여 시비를 가려서 판단하는 과정이다. 셋째, 인권동기화는 인권을 다른 가치와 비교해 우선시하는 과정을 말한다. 넷째, 인권행동실천력은 인권 옹호 행동을 끝까지 밀고 나갈 수 있는 실행 과정을 말한다.

이를 측정하기 위해 볼커(Volker, J. M.)는 1984년의 연구에서 도덕민감성을 인권감수성으로 대입·대체할 수 있다고 하면서, 인권감수성을 구성하는 요소를 '상황지각', '결과지각', '책임지각'으로 나누었다. 첫째, '상황지각'은 주어진 상황을 인권 문제로 인지하고 수용하는지, 이 사건이나 상황을 인권과 관련해 해석 가능한지 등을 의미한다. 둘째, '결과지각'은 상황의 결과를 예측하는 능력과 사건과 상황에 놓인 당사자에 대한 정서 인식 능력과 인권의식에 기반을 두고 타인의 정서를 공감하며 관련 상황에 관한 결과를 예측하는 능력을 말한다. 셋째, '책임지각'은 자신과 관련하여 인권 문제에 대한 책임을 알고 실천 가능한 행동을 하고자 하는 의지를 포함한다.

개인 수준에서 인권감수성이란 다양한 사회적 가치, 사회화 과정에서 얻는 인권을 어떻게 인지하고 판단하는지에 따라 영향을 받는다. 예를 들어, 경찰관은 경찰이라는 사회적 가치와 인권을 상대적으로 우선시하고 판단할 수 있는 능력을 규정한 대상이라고 볼 수 있다.

인권감수성이 중요한 이유는 인권을 중시하는 가치 기준과 인권을 지키고자 하는 행동이 중요하다고 느끼는 인권감수성이 제고되어야, 사회 전반의 인권이 제고될 수 있기 때문이다. 현재 우리나라에서는 국가인권위원회, 법무부, 그리고 사회복지단체 등 여러 민간단체들이 각급 학교 학생들과 민간인 그리고 공무원 등을 대상으로 인권감수성 제고를 위한 다양한 교육 프로그램을 마련해 시행하고 있다(노희정, 2016).

인권 윤리에 기초한 접근은 인간 간의 상호의존성의 철학에 기초하고 있다. 즉, 모든 인간의 운명은 서로 연결되어 있다는 관점에서 접근한다. 인간은 어느 누구도 섬처럼 고립되어 살아갈 수는 없다는 말처럼 인간은 결코 혼자서 살아갈 수 없다. 죽음이 삶 속에서 자라듯이 웃음과 울음, 마음과 몸, 현재와 미래는 이어져 있다. 인간은 관계 속에서 서로 얽혀 있다. 이를 상호의존성이라고 하는 바, 인권 윤리적 접근의 단초를 제공한다고 할 수 있다.

'인권감수성'의 개념을 더 잘 이해하기 위해서는 관련 용어로 '성인지 감수성(gender sensitivity)'이란 용어를 살펴볼 필요가 있다. 그러나 '성인지 감수성'이란 용어가 정확하게 무엇을 의미하는지 그에 관한 합의된 개념은 없다. 대체로 성별 간의 차이에 따른 차별 또는 불균형을 인지하는 것을 의미하는 것으로 이해된다. 양성평등 의식, 실천 의지 등을 모두 포괄하는 관점이다.

성인지 감수성은 성범죄 사건 등 관련 사건을 심리할 때 피해자의

눈높이에서 사건을 바라보고 이해해야 한다는 것을 의미하는데, 이에 대한 혼란이 있는 것도 사실이다. 대법원은 2018년의 선고(2017두74702 판결)에서 학생들에 대한 한 대학교수의 언동이 성희롱에 해당하는지, 그에 대한 피해자 진술의 증명력을 인정할 수 있는지를 다루면서 성인지 감수성에 대해 아래와 같이 설명하고 있다(종합법률정보 홈페이지, 2020).

> 법원이 성희롱 관련 소송을 심리할 때에는 그 사건이 발생한 맥락에서 성차별 문제를 이해하고 양성평등을 실현할 수 있도록 '성인지 감수성'을 잃지 않아야 한다(양성평등기본법 제5조 제1항 참조). 그리하여 우리 사회의 가해자 중심적인 문화와 인식, 구조 등으로 인하여 피해자가 성희롱 사실을 알리고 문제 삼는 과정에서 오히려 부정적 반응이나 여론, 불이익한 처우 또는 그로 인한 정신적 피해 등에 노출되는 이른바 '2차 피해'를 입을 수 있다는 점을 유념하여야 한다.

> 피해자는 이러한 2차 피해에 대한 불안감이나 두려움으로 인하여 피해를 당한 후에도 가해자와 종전의 관계를 계속 유지하는 경우도 있고, 피해사실을 즉시 신고하지 못하다가 다른 피해자 등 제3자가 문제를 제기하거나 신고를 권유한 것을 계기로 비로소 신고를 하는 경우도 있으며, 피해사실을 신고한 후에도 수사기관이나 법원에서 그에 관한 진술에 소극적인 태도를 보이는 경우도 적지 않다. 이와 같은 성희롱 피해자가 처해 있는 특별한 사정을 충분히 고려하지 않은 채 피해자 진술의 증명력을 가볍게 배척하는 것은 정의와 형평의 이념에 입각하여 논리와 경험의 법칙에 따른 증거판단이라고 볼 수 없다.

같은 2018년의 선고(2018도7709 판결)에서도 대법원은 피해자 진술의 신빙성 판단이 문제된 사건을 다루며 성인지 감수성을 아래와 같이 해석하였다(종합법률정보 홈페이지, 2020).

> 증거의 증명력은 법관의 자유판단에 맡겨져 있으나 그 판단은 논리와 경험칙에 합치하여야 하고, 형사재판에 있어서 유죄로 인정하기 위한 심증형성의 정도는 합리적인 의심을 할 여지가 없을 정도여야 하나, 이는 모든 가능한 의심을 배제할 정도에 이를 것까지 요구하는 것은 아니며, 증명력이 있는 것으로 인정되는 증거를 합리적인 근거가 없는 의심을 일으켜 이를 배척하는 것은 자유심증주의의 한계를 벗어나는 것으로 허용될 수 없다. 피해자 등의 진술은 그 진술 내용의 주요한 부분이 일관되며, 경험칙에 비추어 비합리적이거나 진술 자체로 모순되는 부분이 없고, 또한 허위로 피고인에게 불리한 진술을 할 만한 동기나 이유가 분명하게 드러나지 않는 이상, 그 진술의 신빙성을 특별한 이유 없이 함부로 배척해서는 아니 된다.

> 법원이 성폭행이나 성희롱 사건의 심리를 할 때는 그 사건이 발생한 맥락에서 성차별 문제를 이해하고 양성평등을 실현할 수 있도록 '성인지 감수성'을 잃지 않도록 유의하여야 한다(양성평등기본법 제5조 제1항 참조). 우리 사회의 가해자 중심의 문화와 인식, 구조 등으로 인하여 성폭행이나 성희롱 피해자가 피해사실을 알리고 문제를 삼는 과정에서 오히려 피해자가 부정적인 여론이나 불이익한 처우 및 신분 노출의 피해 등을 입기도 하여 온 점 등에 비추어 보면, 성폭행 피해자의 대처 양상은 피해자의 성정이나 가해자와의 관계 및 구체적인 상황에 따라 다르게 나타날 수밖에 없다. 따라서 개별적, 구체적인 사건에서 성폭행 등의 피해자가 처하여 있는 특별한 사정을 충분히 고려하지 않은 채 피해자 진술의 증명력을 가볍게 배척하는 것은 정의와 형평의 이념에 입각하여 논리와 경험의 법칙에 따른 증거판단이라고 볼 수 없다.

그러나 성인지 감수성에 근거를 두는 판례가 있다 하더라도 아직까지 그 뜻이 무엇을 의미하는지 모르는 사람도 많다. 특히, 감수성의 수준과 편차가 사람마다 다르다는 점에서 어느 정도를 감수성을 침해했다고 판단할지에 대한 공론화가 필요하다. 개별 사건이 있을 때만 관심을 기울여서는 진지한 토론이 아니라 자칫 성별 대립의 양상으로 번질 수 있기에 계속적인 논의가 필요할 것이다.

2. 인권행정의 확대·강화

사회 전반의 인권을 향상시키기 위해서는 인권행정을 확대·강화할 필요가 있다. 국민의 인권 보장은 국가의 책임이지만 역사적으로 개인의 인권과 국권이 충돌하는 혼란의 과정을 거치면서 자유민주주의가 발전했다고 볼 수 있다. 공동체의 보존이나 공공질서 확립을 목적으로 인권을 탄압하면 당연히 비정상적이다. 이러한 질서는 인권행정과 거리가 멀다.

국가인권위원회는 행정과 인권을 정의하면서, 국가의 일을 의미하는 행정은 공공 목표를 달성하는 조직 운용을 말하며 좁은 의미의 행정은 정부 조직과 공무원 활동을 뜻한다고 정의했다. 즉 국정 목표를 달성하기 위한 정책을 수립하고 집행하면서 인적 자원과 재산을 관리하는 과정을 포괄적으로 행정으로 정의한다. 행정은 저비용으로 최대 성과를 얻는 효율성을 강조한 것이다.

인권은 인간의 존엄성을 인정하고 모든 인간은 평등한 존재라고 전제한다. 인권을 보호하고 실천하는 과정에서는 효율성이나 경제성보다는 인권보호와의 균형적 시각이 강조된다. 헌법, 법률, 훈령 등은 인권보호와 향상을 기본 내용으로 하지만, 행정 부처 간의 업무는 복잡하고 다양하게 관련되어 명확히 주관부서를 가리기 어려울 때가 많다. 이러한 특성을 반영하여 모든 행정 부서의 업무 수행은 인권과 연계되어야 한다는 논리가 강조된다.

인권의 중요성은 정책 수립뿐만 아니라 업무 처리 과정에서도 강조된다. 업무의 전 과정에서 인권 친화적 사고(human rights oriented thinking)가 강조된다. 업무 과정에서는 또한 법과 원칙에 따른 정당한 절차의 중요성이 강조되기도 한다. 아무리 좋은 목적과 내용을 지닌 법이라 할지라도 실행 과정에서 왜곡·변질되는 경우가 많은데 이를 방지하기 위해서는 시민단체와 인권단체의 지속적인 감시와 참여가 필요한 이유가 여기에 있다.

인권을 향상시키기 위해서는 또한 모든 공무원이 인권 존중을 직무 수행 기준으로 삼는 등 인권행정을 확대·강화해야 한다. 공무원도 인간으로서 기본 권리를 가진 인권의 주체자다. 그러나 행정은 공적 성격을 띠기에 공무원의 경우에는 일반 국민보다는 사회권이 제한될 수 있다. 그렇지만 모든 인간에게 부여된 본질적 인권이 침해되면 공무원도 인권보호와 구제를 요청할 수 있다. 즉, 공무원 자신의 인권이 존중받아야 업무 수행 과정에서 국민의 인권을 존중하고 보호할 수 있다. 공직자로서 업무상 책임과 의무를 다하는 것은 인격체로서 존중받는 것일 뿐만 아니라, 국민의 인권을 존중하는 공복자의 역할이다.

2014년부터 시행된 대한민국 "인권상"은 인권의 보호 및 신장에 공헌한 단체 및 개인을 발굴·포상하여 공로를 치하, 인권문화의 정착 및 활성화에 기여하고 있다. 그 분야는 인권일반 옹호 및 신장 분야, 인권교육 및 문화증진 분야, 인권정책 및 연구 분야로 나뉘어 있다. 2015년부터 시행된 '인권보도상 포상 규정'의 목적은 인권의 보호 및 신장에 공헌한 보도를 매년 발굴·포상하고 이를 널리 알려 인권문화의 정착 및 활성화에 기여하는데 있다. 포상분야는 방송, 신문, 잡지, 인터넷 매체를 통한 보도와 칼럼으로 하고 있다.

　오늘날 지역 중심의 생활 밀착형 인권보호의 중요성이 대두되면서 지방자치단체의 인권정책이 중요한 과제가 되고 있다. 인권 관련 논의가 추상적·형식적 논의에 그치지 않고 인권 보호의 구체성, 실현성을 담보하는데 있어 지역 사회가 중요한 공간이 될 수 있다. 예를 들어 지방자치단체가 인권조례를 제정해 인권정책의 목적, 방향, 실천 전략을 마련하는 일련의 활동이 의미를 지닐 수 있다.

　인권정책은 결국 지역주민의 인권상황과 요구 수준을 반영하여 다양성, 확장성, 필요성을 기준으로 운영되어야 한다. 지방자치단체의 인권정책은 지역주민의 인권을 보호하기 위한 인권행정, 인권사업, 인권프로그램 등을 의미한다. 한 연구결과에 따르면, 인권 관련 연구에서 사회적 약자와 소수자의 권리보호에 관한 연구가 가장 많았는데 특히 건강하고 안정적인 삶의 보장을 강조한 것으로 나타났다.

　인권정책의 대상은 일반 지역주민, 아동·청소년, 장애인·노인, 노동자 순서로 나타났다. 그리고 맞춤형 인권제도 행정체계의 수립, 사회적 약자 공감 인권정책의 강화, 지역주민 인권 거버넌스 구축, 인권도시 기반 조성에 대한 언급이 많았던 것으로 드러났다. 이러한 연구에서 강조되는 특성 가운데 하나는 인권교육강화, 인권센터 운영 내실화, 맞춤형 인권정책개발, 인권위원회 활성화 등이 필요하다는 점이다(이동기, 2019).

　그러나 지역의 인권존중 보호에 어떤 정책목표가 우선 추진되고 그에 따른 재정투입이 이루어져야 하는지를 판단할 수 있는 근거는 부족한 편이다. 이러한 이유로 사업 추진의 우선순위는 인권 행정 업무를 수행하는 공무원에 의해 일방적으로 결정되는 경우가 많다. 지역 인권지수 개발로 지역의 인권 현황을 객관적으로 볼 수 있도록 하고 지역마다 우수한 정책 사례의 도입이 검토될 수도 있다. 인권과 복지가 명확하게 구분되지 못한 채 인권계획의 다수가 복지 사업과 중복되는 현상도, 개선되어야 할 과제 가운데 하나가 되고 있다.

인권행정이 잘 이루어지기 위해서는 인권교육의 실천이 중요하다. 인권교육 확대는 한국 사회의 인권의식 향상에 기여하고 있다. 인권교육을 받은 사람이 늘어나고 있으며 정규 교육 과정에서 인권교육, 시민 교육을 받은 사람도 늘고 있다. 한국 사회에서 인권이라는 용어는 이제 더 이상 낯선 것이 아니라 다방면에서 빈번히 언급되고 활용되는 '일상적' 언어가 되고 있다.

한국인의 인권 인지도는 꾸준히 증가하고 있으며 인권감수성도 확대되는 추세에 있다. 그에 비례하여 인권문제에 대한 비판적 태도도 강화되고 있다. 이러한 모습은 인권의 확산을 지지하는 증거라고 할 수 있다. 그런데 인권 의식의 확산과는 달리, 인권정책에 대한 태도는 다양하게 나타나고 있다. 경제 · 사회 · 문화적 권리에 대응하는 인권 정책에 대한 한국인의 태도는 과거보다 명확하게 인권친화적 방향으로 달라지고 있다. 이는 자유권에서 사회권으로 인권의 강조점이 달라지는 추세와 일치한다(정진성 · 구정우 · 공석기 · 유기웅, 2014).

정치적 · 시민적 권리 관련 정책(국가보안법, 사형제, 체벌)에 대한 한국 사람의 태도는 달라지고 있다. 전통적 인권의 핵심을 이루는 정치적 · 시민적 권리를 당연히 수용한다기보다 한국의 문화적 맥락에서 이해하려고 한다.

　학생 인권에 대응하는 교권의 등장, 표현의 자유나 알 권리에 대응하는 개인정보 보호의 등장, 범죄자 인권에 대응하는 피해자 인권의 주장은, 기존의 인권의식에서 보편적으로 승인된 영역을 벗어나 치열한 논쟁이 벌어지고 있다는 증거다. 이러한 현상은 과거부터 당연하게 수용되어야 할 인권 개념을 부정하려는 모습이 아니라, 각 상황이나 사건에 적합하게 인권의 개념이 달라진다는 것을 의미한다. 그만큼 인권이 한국 사회에서 다각도로 접근된다는 의미로 받아들여져야 할 것이다.

　이미 세계적으로 인권의 중요성을 부정하거나 이의를 제기하는 사람은 없다. 다만 보편적 인권 확산의 논리를 펴는 사람이 있는가 하면, 사회와 국가의 사정에 따라 맥락이 다르고 인권 확산의 모습에 차이가 있다고 다른 주장을 펴는 사람들도 있다. 이와 같은 두 주장은 모두 인권 논쟁이 확산된다는 점에서 긍정적이며 인권 논의의 정당성, 실제성, 이론적 기여에 영향을 준다.

　제1세대, 2세대의 인권이 개인 중심이라면 제3세대 인권은 집단성(국가, 민족)에 초점을 둔다. 이러한 차이에도 불구하고 기존의 인권 개념이 국제법에 따라 개인이나 집단별로 어떠한 권리를 부여받는지가 중요성을 지닌다. 그 초점은 국제법 체계에 맞춰져 있는 바, 국제 인권법을 둘러싼 정치, 사회, 문화적 맥락을 연구하는 연구자들이 많아졌다.

　보편성과 특수성, 자율성(autonomy)과 상보성(reciprocity)에 관한 논쟁이 대표적이다. 자율성과 상보성 관련 논쟁은 인권의 주체를 개인에 맞추어야 하는지 집단에 두어야 하는지에 관한 논쟁으로 볼 수 있다. 특히, 인권 논쟁의 출발점을 (국제)법에서 찾기보다 개인의 인식에서 찾으려는 시도가 나타나기 시작했다.

　1980년대를 지나면서 개인의 의식, 태도, 행동에서 인권이 어떻게 발현되는지를 주목하기 시작한 것이다. 이러한 분위기는 1990년대의 인권 태도 조사, 인권 질문지를 만들게 되었다. 개인이 인권을 어떻게 생각, 판단, 행동하는지를 알아보는데 주목하는 연구는 개인마다 나타나는 인권의 준거(기준) 차이를 설명해 준다.

　인권을 전통적인 국제법 맥락에서 이해하기보다 오히려 문화의 핵심 요소로 봐야 한다는 논리도 있다. 21세기 인권은 법적으로 정당화되었다기보다는 교육으로 정당화되는 경향이 강하고 이러한 논리가 세계적 인권교육 확산으로 이어졌다. 물론 인권교육이 인권확산에 얼마나 영향을 주었는지는 알기 어렵지만, 사회적 약자에 대한 개인의 관용 수준은 점차 높아지는 추세에 있다. 인권 가치를 중심에 두는 세계시민의식의 확산이 바로 민족주의를 약화하거나 국가를 부정하지는 않는다. 오히려 양립 가능한 개념이기도 하다.

　인권의 특수성을 주장하는 연구에서는 인권 확산 과정이 보편성이라는 이름으로 포장되어 서양의 인권 관념으로 확산되었다고 본다. 따라서 인권에서는 특수성이 중요한 바, 이러한 특수성이 진정한 인권의 보편성을 창출하는데 기여한 것으로 본다. 즉 인권은 기존 연구에서 많이 가정되었던 확산이라기보다 특정한 국가 사회의 특수한 문화적 맥락과 각 행위자간의 상호작용과정에서 퍼져간 것이라고 볼 수 있다.

3. 경찰청 등 공권력 행사기관의 인권 제도화 노력 제고

　　인권의 제도화는 인권의 정당성 확보와 인권 실현을 목적으로 법률, 규범, 조직 등의 장치를 의식적으로 구축하는 과정을 말한다. 이러한 제도화 과정은 인권 향상의 도구를 마련하고 그것을 기반으로 인권 가치가 하나의 안정적 질서로 작용하게 하는 것을 목표로 한다. 국가인권위원회가 다양한 인권침해를 예방하고 구제할 수 있도록 하는데 국내 인권단체의 역할이 매우 컸다. 인권단체들은 1993년 세계인권회의에 참석, 국내 인권의 실상을 알리면서 국제인권규범의 중요성과 국가인권기구의 필요성을 역설했다.

　　인권담론은 제도와 실천을 둘러싸고 '인권'과 관련된 모든 것을 논의한다는 의미인데, 단순한 사실의 진술보다 어떤 방식으로든 인권 개선과 사회적 실천, 자기정당화 같은 효과를 노리는 전략적이면서도 실천적인 이야기라는데 그 특징이 있다. 전략적 담론은 행위자들이 본래 의도를 감추고 정치적 목적에서 인권 개념을 사용하는 것을 말하고, 실천적 담론은 인권이 현실에서 보장될 수 있도록 이끄는 것을 목표로 한다(이정은, 2018).

　　인권의 제도화에는 많은 어려움이 따른다. 기본계획을 수립하는 입장에서는 인권의 가치가 구현될 수 있도록 이상적인 사업을 제안하겠지만 담당자는 이 사업이 인권과 관련된 기본계획인지, 어떤 방식으로 수행해야 하는지 파악하지 못하는 때도 있다. 어떤 지방자치단체를 대상으로 조사한 결과에 따르면, 담당 공무원 스스로 자신이 인권 기본계획

사업에 참여하는지를 알고 있는지에 대한 답변에서 저조한 인지도를 보였다. 인권정책과 인권행정이 무엇인지가 명확하지 않고, 인권기본계획 수립 단계에 실무자가 참여하지 못한 원인도 작용한 것으로 보인다. 인권기본계획을 수립하는 전문가와 정책을 이행하는 담당자의 의식이 다르면 정책 효과가 떨어진다. 이러한 상황은 인권이 제도화되는 과도기적 현상으로 상당기간 지속될 것으로 보인다.

인권기본계획의 수립과정에서는 관련 주체가 서로 의사소통하고 조정해야만 한다. 인권을 제도화하는 과정에서 걸림돌이 무엇인지, 시민의 요구가 어느 부분에서 인권행정과 부딪히는지 조율해야 한다. 필요에 따라서는 주민이 참여하고 주도하는 인권정책을 구상할 수도 있다. 이렇게 될 경우 시민 스스로 인권역량을 강화하는 계기가 된다.

행정적 관점에서 볼 때, 주민의 인권을 보호하는 과정에는 비효율적 절차가 많이 수반될 수 있는데 그 비효율성이 어느 정도 용인될 필요도 있다. 인권행정을 이행하는데 소극적 모습보다는 낫다는 의미다. 인권행정이 지방자치단체장의 의지에 따라 좌우되는 불안정성, 인권사업이 현재의 행정평가 시스템과는 맞지 않는 부분이 있다는 점 등은 인권의 제도화 과정에서 극복되어야 할 과제다. 따라서 지방정부의 인권정책이 인권 원칙을 견지하며 실현되기 위해서는, 기존 행정 체계에 인권을 적극적으로 수용하는 조건이 마련되어야 한다. 인권정책을 수립·집행하는 과정에서는 "인권 관점에서 사고하는 것"이 필요하며, 그 정책이 인권보호에 어떻게 기여하고 어떤 영향을 미칠 것인지가 적극적으로 고려되어야 한다.

혹자는 인권행정을 4가지 관점에서 설명하고 있다. 첫째, 헌법상 인권규정을 현실에서 실현하는 것을 목적으로 하는 헌법론이다. 둘째, 사회적 모순이 가장 심각하게 드러나며 인권침해를 받기 쉬운 사회적 약자로부터 인권행정을 파악하고자 하는 대상론이다. 셋째, 구체적으로 발생하는 인권침해나 인권문제를 해결하고자 행정을 중심으로 하는 내용론이다. 넷째, 인권행정의 역할로부터 파악하는 역할론이다.

역할론을 구체적으로 살펴보면, 인권행정의 목적이 인권침해의 예방에 있는 것인지, 인권침해를 발견하고 분석하는데 있는 것인지, 인권침해를 극복하려는 사람을 지원하는 것인지, 인권침해의 피해자를 구제하는 것인지, 인권문제를 해결하고자 하는 것인지를 파악할 필요가 있다. 현재 한국 정부는 인권문제를 해결하고자 하는 다양한 역할을 규정하고 있지만 지나치게 포괄적이어서 현실에 대한 냉정한 평가가 필요하다.

최근 논의되고 있는 생활밀착형 인권정책에 대한 검토에서는, 지역주민이 살아가는 공간에서 인권침해 요소를 제거하고 공동체 생활공간에서 주민의 권리가 보장받을 수 있는 정책인지가 분석·검토되어야 한다. 그렇지만 생활밀착형 인권정책에 대해서는 주민을 동원하는 사업 또는 시혜적 복지 사업으로 잘못 자리 잡을 수 있다는 비판도 제기된다. 이런 비판은 인권의 제도화가 가지고 있는 한계를 지적한 것이다. 생활 속의 인권문제는 오히려 생활에서 느끼는 불평등이나 불합리한 차별을 찾을 때 논의를 시작하기가 편하다.

과거 인권 문제는 매우 절박한 사회 현안이었다. 그런데 본격적으로 논의될 수 있는 사회적 공간이 폐쇄되어 있었기 때문에 정부가 주도

한 인권논의는 국제사회 권고에 대한 정부의 대응이었다. 이러한 관점에서 볼 때, 초기의 인권 제도화는 현실상황과 괴리되어 출발했다는 점을 알 수 있다.

인권은 인간으로서 당연히 가지는 천부적 권리로서 시대와 상황에 따라 강조되는 내용이 달라질 수 있다. 그렇지만 어떤 경우라도 인간의 존엄성, 인간으로서의 평등을 보장하는 권리라는 점은 달라질 수 없다. 인권은 규범적 측면의 문제이므로 실증적 연구 방법을 지향하는 학자들은 다루기 어려운 주제라고 할 수 있다(구정우 · 남윤창 · 황태희, 2013). 특히, 인권의식, 인권 태도, 인권 감수성, 인권 민감성의 용어가 최근 들어 뒤섞여 사용된다는 점에서 혼란을 일으키기도 한다. 학자들도 인권의 개념을 조금씩 달리 사용하고 있으며 인권 개념에 대한 명확한 정의나 범위에 대한 논의는 불충분한 상황이다.

형평의 원리에 따라 약자를 우선시해야 한다는 논리, 공익에 따른 필요 최소한의 원칙 등은 공익이나 국권을 고려한 시각이라고 볼 수 있다.

정상적인 국가의 헌법에서 보장하고 있는 기본권은 자유권적 기본권의 중심을 차지하는 바, 다른 기본권도 인권과 보완관계에 있다고 볼 수 있다. 인권은 인간이 갖는 천부적 · 생태적 기본권으로 인간답게 사는데 가장 중요하다고 할 수 있다. 인권은 보편적 권리로 사회적 신분과 관계없이 모든 인간에게 해당된다. 또한 인권은 사회적 약자가 당연히 누려야 할 권리를 확보해주는 바탕이 된다. 인권은 책임을 동반하며 개인과 집단을 포괄한다. 인권은 성문법으로 보장되는 권리 이상의 것이다.

인권은 관련 규정에 명시되어 있지 않더라도 인간의 존엄성을 보장하는데 필요하다. 결론적으로 말해 인권은 인간이기에 가지는 당연한 권리며 기본적·보편적 권리이기에, 법으로 보장되는 권리 이상의 것이다. 이는 불가침이며 상호 의존적이지만 시대 상황과 장소 변화에 따라 달라질 수 있다는 특징을 지닌다. 최근 국민의 인권의식이 높아지면서 인권을 해석하는 시각도 달라지고 있다. 정부는 각종 법령과 규칙을 제정해 '민주적 통제'를 목적으로 공권력의 오남용을 예방하고 있다. '인권 지향성' 또는 '인권 감수성'을 높여 인권을 존중하는 정부 활동을 하는데 이바지하고 있다.

1990년대 후반부터 사회과학 분야에서 인권은 중요한 연구 주제로 다루어지고 있다. 당초 인권 개념이 국제법 등에서 발전했기 때문에 인권 연구는 주로 법률가 중심으로 이루어졌다. 2000년대를 지나면서 인권을 측정하고 평가하는 연구가 나타나기 시작했다. 이 시기에 이르러 사회구성원의 인권을 보장하려는 정부의 노력이 가속화되기 시작했다(김성섭, 2019).

인권과 관련된 기존의 연구는 '인권의식'을 주로 다루고 있다. 인권 의식은 즉 인권 관련 지식이나 주어진 상황에서 인권침해 여부를 구분할 수 있는 능력이나 수준을 가리킨다. 이와 다르게 인권감수성은 인권과 관련된 상황을 제대로 지각하고 그 상황에 놓인 타인의 고통을 '공감'하며 인권 침해 상황에서 개선에 대한 책임을 자신에게서 발견하며 이를 실천적으로 행동하는 의지라고 할 수 있다. 즉, 인권감수성은 인권의식보다 더 행동지향적 의지를 가진다는 의미를 지닌다.

학자에 따라서는 인권의식을 인권판단력, 인권감수성, 인권행동의

사로 보기도 한다. 인권판단력은 인권과 관련된 지식과 인권의 옳음에 대한 신념인 '앎의 영역'을 말한다. 인권감수성은 인권침해 상황 속에서 타인에 대한 공감, 인권침해 상황에 대한 자신의 감정이라고 할 수 있다. 인권의식이 자신이 포함된 사회에 부여된 다양한 인권을 인식하고 존중하고 지키려는 태도라면, 인권감수성은 어떤 상황에서 타인에게 느낄 수 있는 정서적 반응을 말한다. 다시 말하면 타인 입장에서 공감하고 자기 입장과 동일시해서 공유하는 것을 의미한다. 그리고 인권판단력은 인권 개념과 내용에 근거해 어떤 상황이 인권을 침해하는지 판단하는 능력을 말하며 관련 지식과 정당성도 포함한다. 인권행동 의사는 적극적으로 인권을 존중하고 보호하며 옹호하려는 의지를 말한다. 여기에는 개별적 행동의사 및 다른 사람과 연대하여 대응하는 집단적 행동의사까지 포함한다.

인권영향평가는 인권 측면에서 중앙부처나 지방자치단체가 정책이나 사업계획 단계에서 그 사업이 인권에 미치는 영향을 다양한 차원에서 사전에 분석하고 평가하는 제도를 말한다. 각종 정책이나 공공시설물 등 행정 전반에 걸쳐 인권영향평가를 시행하면 인권침해를 사전에 방지하고 사회적 갈등을 최소화하는데 기여할 수 있다(이충은·노진석, 2018).

원래 영향평가란 사전적 개념으로 정책이나 사업 등 시행 과정에서 그것이 미래에 미칠 영향을 분석·평가하는 활동을 뜻한다. 영향평가는 합리적·효율적인 정책결정 수단으로 투명성 확보, 정책의 당위성 확보, 정책분석 역량 강화에 기여한다. 지방자치단체 조례에 근거하여 인권 영향평가가 일부 지방자치단체에서 시행되고 있는데, 이는 인권 약자에게 미칠 수 있는 부정적인 영향을 평가하고 사회적 정의를 실현하는 유용한 제도로 활용되고 있다.

특히, 정부가 법령을 입안할 때 나타날 수 있는 인권침해 요소를 사전에 예방하고 사후적으로 시정을 꾀할 수 있다는 점에서 행정의 인권침해 소지, 예산낭비를 방지하는 효과도 있다. 나아가 민원 제기와 소송 등 분쟁을 미연에 방지해 궁극적으로 행정의 효율성을 제고할 수 있다. 지역주민을 비롯한 공무원의 인권감수성을 높이는 계기가 될 수도 있을 것이다.

일례로 경찰청은 인권 제도화 노력의 하나로 인권 지향적 공권력 행사의 기준을 확립하는 인권영향평가제(Human Rights Impact Assessment: HRIA)를 도입하여 운영하고 있다. 인권영향평가제는 각종 법령, 행정규칙, 국민의 인권에 영향을 미치는 주요 치안 정책, 인권침해 가능성이 높은 주요 집회와 시위의 대응 등 경찰 업무 전반에 걸친 인권침해 요인을 사전에 평가하여 예방하는 제도다. 국민의 입장에서 인권침해 요소를 최대한 줄이고 긍정적 요소를 확대해 인권을 보호하는데 그 목적이 있다.

인권영향평가 기준은 법률유보의 원칙, 비례의 원칙, 평등의 원칙, 적법절차의 원칙을 준수하여 진행된다. 경찰청은 경찰의 법 집행 과정에서 중대한 인권침해가 발생한 경우 객관적이고 독립적인 진상조사를 통해 의혹을 해소하고 재발 방지를 도모하고자 경찰청 인권침해 사건 진상조사단을 편성·운영하고 있다. 대부분의 경찰 조사는 사전 구제보다 사후 구제와 적법절차의 준수 여부에 주된 관심이 있지만, 진상조사는 적극적이고 객관적인 인권 보호와 재발 방지를 위해 인권을 제도화하는데 주된 관심을 갖는다. 실제 일선 경찰관서는 매년 실시하는 인권진단을 거치면서 보다 세분화된 인권 정책을 모색하고 있다. 주요 내용은 인권 지향적 시책을 비롯하여 경찰 장구 사용, 수사 절차 준수, 유치장과 경찰관서의 인권친화적 환경 등이다.

2016년부터 시행된 '대테러 인권보호관 지원반 구성 및 운영에 관한 규정'은 「국민보호와 공공안전을 위한 테러방지법 시행령」에 따라 대테러 인권보호관의 직무 수행을 지원하는 조직의 설치, 그 구성 및 운영 등에 관한 사항을 규정하고 있다.

2017년 시행된 '경찰청 인권침해 사건 진상조사위원회 운영 등에 관한 규칙'은 경찰의 경비·수사·정보수집 등 경찰권이 위법 또는 부당하게 행사되었거나 이 때문에 인권침해가 발생하였다고 의심되는 사건에 대한 진상조사, 책임규명, 유사사건의 재발을 방지하고 인권 증진 제도 및 정책 개선 등에 관하여 경찰청장의 자문에 응하기 위한 위원회의 운영에 필요한 사항을 규정하고 있다.

진상조사사건은 경찰청과거사진상규명위원회가 구성된 2004년 11월 18일 이후 발생한 경찰의 경비·수사·정보수집 등 경찰권 행사과정에서 인권침해가 발생하였거나 발생한 것으로 의심되는 사건, 수사과정에서의 부실수사, 증거은폐, 사건왜곡 등으로 재심에서 무죄판결이 선고된 사건, 기타 경찰의 경비·수사·정보수집 등 경찰권 행사과정에서 인권 침해가 발생하였다는 진정이 접수된 사건이 대상이 되며, 위원회는 진상조사 사건의 선정에 참고하기 위해 진정을 접수하거나 의견을 수렴할 수 있다.

또한 2019년 시행된 '해양경찰 인권보호 직무규칙'은 경찰관이 모든 사람의 기본적 인권을 보장하기 위하여 경찰활동 전 과정에서 지켜야 할 직무기준을 정하는데 목적을 두고 있다. 「국가인권위원회법」의 인권 개념에 바탕하여, 인권침해란 경찰관이 직무수행과 관련하여 모든 사람에게 보장된 인권을 침해하는 것을 말한다.

사회적 약자란 장애인, 19세 미만의 자, 여성, 노약자, 외국인, 그 밖에 신체적·경제적·정신적·문화적인 차별 등으로 어려움을 겪고 있어 사회적 보호가 필요한 자를 지칭한다. 성(性)적 소수자는 동성애자, 양성애자, 성전환자 등 당사자의 성 정체성을 기준으로 소수인 자를 말한다. 그리고 피해자는 「범죄피해자보호법」에 규정된 범죄피해자를 말하며, 신고자 등은 범죄 신고·진정·고소·고발 등 수사단서 제공이나 진술, 그 밖에 자료제출행위 또는 범인검거 제보나 검거활동에 기여한 자를 말한다.

인권보호 원칙으로 경찰관은 직무수행 시 인권을 최우선 가치로 삼고 인권보장과 관련된 모든 규정과 원칙을 준수하여 모든 사람의 인권을 존중하고 보호해야 한다. 경찰관은 또한 모든 사람이 성별, 장애, 종교, 인종, 민족, 사회적 신분, 병력, 국적 등 어떤 사유로도 차별받지 않도록 평등하게 대우해야 한다. 아울러 경찰관은 피해자 및 신고자 등의 보호 원칙에 따라 피해자의 심정을 이해하고 그 인격을 존중하며, 신체적·정신적·경제적 피해 회복과 권익증진을 위하여 노력하며 피해자 및 신고자 등의 생명·신체의 안전과 비밀을 보장해야 한다.

그리고 경찰관은 무죄 추정 원칙에 따라 법원의 확정판결을 받기 전까지는 모든 피의자에 대하여 죄가 있는 것으로 간주하는 언행이나 취급을 하면 아니 되며, 법률에 보장된 피의자의 변호인 및 변호인이 되려는 자와의 접견, 물건 등의 수수, 의료검진 등의 권리를 보장해야 한다. 경찰관은 또한 직무수행 전 과정에서 폭행·가혹행위를 포함하여 신체에 대한 부당한 침해 또는 위협을 가하거나, 이를 교사 또는 방조하면 안 된다.

경찰관은 나아가 직무수행 중 폭언, 강압적인 어투, 비하하는 언어 등을 사용하거나 모욕감 또는 수치심을 유발하는 언행을 하면 아니 된다. 경찰관은 또한 개인정보 및 사생활 보호를 위해 개인정보를 부당하게 열람·취득하거나 직무수행과 관련하여 모든 사람의 명예와 사생활이 침해되지 않도록 하여야 한다. 경찰관은 나아가 직무수행 중 알게 된 개인정보를 본래 목적 외에 사용하면 아니 되며 다른 사람에게 누설해도 아니 된다.

특히, 경찰관은 직무수행 중 사회적 약자에 대하여는 그 특성에 따른 세심한 배려를 하여야 한다. 경찰관은 그리고 직무수행 중 사회적 약자에 대해 신뢰관계에 있는 자 또는 의사소통이 가능한 보조인의 참여를 보장해야 한다.

경찰관은 또한 직무 수행 과정에서 인권이 침해되지 않도록 목적 달성에 가장 적합한 필요 최소한의 수단과 방법을 선택해야 한다. 경찰관은 나아가 다른 경찰관에게 법령이나 규칙을 위반하는 인권침해 행위를 명령 또는 강요하면 아니 된다. 그리고 구체적 직무수행과 관련하여,

인권침해 행위를 명령 또는 강요받았을 때는 이를 거부하거나 이의를 제기하여야 한다. 상급자는 그러한 거부나 이의제기를 이유로 당사자에게 어떠한 불이익한 처분도 하면 아니 된다.

해양경찰관서장은 소속 경찰관의 인권의식을 높이는 연간 교육계획을 수립·실시해야 한다. 이 교육은 경찰활동에서 준수할 법령을 학습하고 인권의 본질에 대한 이해를 바탕으로 모든 사람의 인권을 보호할 수 있도록 의식을 함양하는데 목적이 있다. 교육 내용에는 인권의 개념과 역사의 이해, 인권보장의 필요성 및 범위의 이해, 인권보호 모범 및 침해 사례, 인권정책 및 관련 법령의 이해, 그 밖에 경찰활동 시 지켜야 할 인권보호 의무에 관한 내용이 포함된다.

2019년 시행된 '경찰 인권보호 규칙'은 경찰청과 그 소속기관에서 인권보호 업무를 하는데 필요한 사항을 규정해 모든 사람의 기본적 인권을 보호하는데 목적을 둔다. 경찰관 등에는 경찰청과 그 소속기관의 경찰공무원, 일반직공무원, 무기계약근로자 및 기간제근로자, 의무경찰이 포함된다. 인권침해는 경찰관 등이 직무를 수행하는 과정에서 모든 사람에게 보장된 인권을 침해하는 것을 말한다. 경찰청장은 3년 단위로 인권교육 종합계획을 수립 시행해야 하고 경찰관서장은 이를 반영해 매년 인권교육 계획을 수립·시행해야 한다. 경찰관 등은 대면 교육, 사이버 교육 등 다양한 방법으로 교육을 이수할 수 있고 학습자의 능동적인 학습권을 보장하며 토론식, 참여식 교육이 권장된다.

경찰청장은 인권침해 예방, 인권친화적인 치안 행정이 구현되도록 인권영향평가를 실시해야 한다. 제·개정하려는 법령 및 행정규칙, 국민의 인권에 영향을 미치는 정책 및 계획, 참가인원, 내용, 동원 병력의 규모, 배치, 장비 등을 고려해 인권침해 가능성이 크다고 판단되는 집회 및 시위가 그 범위에 포함된다. 평가의 기준은 법률유보의 원칙, 비례의 원칙, 평등의 원칙 등 불문법 원칙, 적법절차의 원칙, 그 밖에 인권침해를 유발할 수 있는 재량권의 존재 여부 및 통제할 수 있는 장치의 존재 여부가 된다.

인권보호담당관은 인권침해를 예방하고 제도를 개선하기 위해 연 1회 이상 다음 사항을 진단해야 한다. 인권 관련 정책의 이행 실태 조사, 인권교육 추진 현황 점검, 경찰청과 소속기관의 청사 및 부속 시설 전반의 인권 침해적 요소의 존재 여부를 대상으로 경찰관서를 방문, 관찰, 서류 점검, 면담, 설문 등의 방법으로 실시하며 방문이 곤란하면 서면으로 할 수 있다.

근대 이후의 인권담론은 경험 이전에 주어진 것이 아니라 역사적 과정에서 그 담론이 깊어진다는 점을 알아야 한다. 인권은 고정불변이 아니라 시대 상황의 변화에 부응하여 변화되어 온 바, 인권의 보편성은 끊임없이 달라지는 개방성을 담고 있다고 하겠다. 인권의 개념은 자유권에서 확대되어 사회권(경제적·문화적 권리)과 연대권(평화권·발전권·민족자결권, 환경권 등) 등으로 발전된 상태다. 인권과 관련된 내용과 범위는 그 깊이와 폭이 날이 갈수록 넓어지고 있다(이병수, 2018).

많은 사람들이 인권에 관심을 기울인 배경은 기존 체제로부터 배제되고 소외된 사람의 부단한 저항과 투쟁 때문이었다. 인권담론은 권리가 없거나 사라진 사람을 일깨워 각종 요구 사항을 법으로 제정할 것을 촉구한다. 인권담론은 즉 인간에 대한 형이상학적 접근을 하기보다 기본적 권리를 보호하고자 하는 취지에서 비롯된다고 하겠다. 인권은 역사적 체험의 산물이지 철학이 아니다. 인권의 확산도 현실적인 인권 운동 덕분에 가능해지고 있다.

인권의 보편성에 대한 다양한 해석에도 불구하고, 이념과 정파를 떠나서 대부분 사람이 인권의 보편성을 긍정적으로 수긍한다. 그 이유는 인권이라는 단어가 주는 의미에서 찾을 수 있다. 보편적 인권은 국적, 인종, 문화, 연령, 성별에 무관하게 모든 인간이 인권의 주체로서 무조건적으로 누려야 마땅한 권리다. 인권 보장에서 예외를 두어서는 아니 되며, 인권은 어떤 자격조건이나 유보조건도 없이 전면적으로 구현되어야 하는 권리다.

인권은 인류 역사상 제대로 실현된 적이 없지만, 직관적 설득력을 지니며 그 때문에 기존 질서의 인권침해 대한 저항과 투쟁을 정당화하는 원천이 된다. 물론 현실과의 괴리는 분명히 존재한다. 인권 가치의 보전은 한국 사회가 쟁취해야 할 숙명적 과제로 모든 지식인, 공직자, 기업인, 지도자들은 인권이라는 대명제의 구현을 위해 노력해야 한다(이선엽, 2013 : 2014).

공동체의 역할을 좋은 삶의 필요조건이라는 취지에서 본다면 인권은 더한 가치를 지닌다. 인권이라는 개념은 인간 최고의 이상적 삶을 전제로 하지 않는다. 설령 사람이 최고의 삶을 희구하지 않는다 하더라도 인권은 보장되어야 한다. 인권은 삶의 바탕이며 공동체 구성원인 개인에게 필수적이다(최영찬, 2015).

인권이 보장될 때 개인은 바람직한 삶을 생각하고 그 생각대로 행동할 수 있다. 인권을 이해하는 가장 좋은 방법 가운데 하나는 개성을 계발하고 실행할 수 있게 하는 권리라는 점을 인식하는데 있다. 국가의 인권 보장은 자율적 삶의 설계를 가능하게 한다. 인권의 보장 여부는 국가의 정당성을 확인하는 기준이 된다.

모든 인간은 자유와 평등의 자연적·인간적 권리를 갖고 태어났다. 그러나 자연 상태에서 그러한 권리를 즐기기에는 불안한 요소가 있다. 국가는 국민들이 인권을 더 안전하게 향유할 수 있도록 보장하고, 관련 법률의 실천 방안을 마련해 인권을 실제로 보호하는데 한정하여 정당성을 갖는다. 국가의 주요한 기능은 인권 보장에 있다. 개인의 바람직한 삶을 보장하는데 있어 국가의 역할은 매우 중요하다. 인권의 역사는 국가 권력과 개인 사이의 갈등에서 시작됐다. 개인의 인권의식이 싹트기 시작하면서 인권 보장 제도가 마련된 것이다.

그러나 아직도 개인이 만족할 만한 정도로 인권이 보장되지 않고 있다고 주장하는 사람이 적지 않다. 그런 만큼 국가와 개인 사이의 긴장감은 남아 있다. 국가가 인권에 주목하지 않는다면 인권침해는 빈번하게 일어난다. 국가공권력에 의한 인권침해는 공동체뿐만 아니라 개인의 삶의 질을 떨어뜨리고 위협하는 요인이 된다.

이 세상의 모든 권리는 투쟁해서 얻은 것이며 중요한 모든 법규는 무엇보다도 이러한 법규에 반대하는 사람에 맞서 투쟁해 얻은 것이다. 마무리하자면, 인권은 저절로 얻어질 수 없기에 사회구성원 개개인은 국가에 대해 인권 보장을 요구하는 동시에 관련 정책과 제도를 마련할 것을 촉구해야 한다.

　인권 관련 법규의 제정 여부를 논의하기 이전에, 모든 권리를 법규로 제정해야 하는지에 대해 의문을 가질 수 있다. 모든 권리를 법규로 제정할 수는 없다. 첫째, 현실적으로 어렵다. 특정 법령을 제정하기 위해서는 관련된 사람들의 합의가 필요하다. 그런데 이러한 합의는 현실적으로 쉽지 않다. 둘째, 모든 권리를 법규로 제정한다는 것은 권리 이행을 어렵게 한다. 왜냐하면 권리 자체가 삶을 가두는 결과로 이어질 수 있기 때문이다. 셋째, 모든 것을 권리화하려 한다면 그것은 아무 것도 권리로 만들 수 없다는 것을 의미한다. 따라서 지킬 것과 융통성을 발휘해야 할 것은 반드시 구분되어야 한다.

　국제연합은 오늘날 15억 명이 넘는 사람들이 깨끗한 식수를 마실 여건을 갖추지 못하고 있다고 지적한다. 이는 인간의 삶에 있어 매우 중요하고 기초적인 요소이긴 하나, 이것을 과연 '권리'라고 부를 정도의 것인지 생각해 볼 필요가 있다. 노예제나 고문을 불법으로 규정하고자 하는 욕구와 식수를 갈구하는 열망은 구분되어야 한다. 정부는 시민을 고문하지 못하게 할 수는 있지만, 바람직한 모든 것을 지원할 수 있는 경제적 자원이 있는 것은 아니다. 그런 만큼 권리에 대한 다양한 요구를 모두 법률로 제정하는 것은 불가능하다.

　보장받아야 할 권리는 다음과 같이 주장된다. 사람이 어떤 것을 소유할 권리가 있다면 그것이 무엇이건 그것을 소유해야 한다고 말하는 것은 대단한 주장이 아니다. 인간이라면 누구나 생명과 자유를 넘어서는 권리를 갖고 있는데 그것은 우리의 공통된 인간성에서 나오지 않는다. 이러한 권리는 사회적 가치에 대한 이해를 공유할 때 나타난다. 사회적 가치는 국지적·개별적이다. 권리란 사회적 합의에 근거해야 한다. 이러한 권리 보장의 주체는 국가만이 될 수 있는 것이 아니다. 시민이 나서서 법률이 올바로 제정될 수 있도록 노력할 필요가 있다. 즉흥적 입법이 아니라 심사숙고해서 입법화 되어야 한다(최영찬, 2015).

　　법제화 과정이 순조롭게 잘 진행되고 있는 법률에 대해서도 의심할 필요가 있다. 상당수의 법률은 초안이 제대로 검토되지 못한 상태에서 통과되기도 한다. 적지 않은 법률들이 그 전제조건이나 그것이 미칠 수 있는 파급력이 깊이 있게 검토되지 못한 상태에서 서둘러 통과되기도 한다. 뿐만 아니라 아직도 많은 법안들이 처음부터 시민의 권리를 제한하거나 개인의 권리를 박탈하려는 목적에 기여하는 경우가 있다. 따라서 법률의 이해 당사자는 입법과정에 세심한 관심을 기울여야 한다. 즉 입법 취지가 올바른지, 이를 잘 구현할 수 있는 법률인지를 살펴야 한다. 훌륭한 법률은 좋은 삶을 보장할 수 있다. 좋은 삶을 보장하기 위해서는 인권을 보장하는 법률이 제정되어야 하는데, '인권보장' 없는 좋은 삶을 논의하기는 어렵다.

　　특정 법규의 제정 과정에서는 이제 인권을 포함해 생명권까지 염두에 둔 논의가 진행되어야 한다. 생명윤리와 인권의 보편선언과 관련하여 의학, 생명과학, 기타 관련 기술의 윤리적 문제에 관한 결정은 오늘날 개인, 가족, 집단, 사회, 인류 전체에 영향을 줄 수 있다. 특히 생명윤리에 관한 의사결정, 그 가운데 이해가 충돌하는 지식은 전문성, 정직성, 성실성, 투명성이 확보된 다음에 이루어져야 한다.

과학기술의 발달이 매우 빠르게 진행되는 오늘의 상황에서는 더 활발하고 정확한 정보에 근거한 토론이 필요하다. 과학 전문가와 정책결정자들은 입법 과정에서 대중의 신뢰를 얻도록 노력하고 토론하면서 과학기술에 대한 지지를 이끌어내야 한다. 특히, 과학기술의 윤리적 문제를 다룰 때는 최선의 지식과 방법을 동원해야 할 뿐만 아니라, 모든 의견이 표출될 수 있도록 최대한 노력해야 한다(이인영, 2006).

인권과 깊이 연관되어있는 생명과학기술 관련 영역에서는, 안전 및 윤리와 관련된 다양한 집단의 견해가 뒤섞여 의견 대립이 일어나는 일이 많다. 이 경우, 다양한 집단의 의견 수렴과 조정이 무엇보다 필요하다. 이때에는 신속성, 효율성보다 상당한 시간을 두고 의견을 조정·타협하는 과정을 통해 신중한 정책이 심의·추진될 수 있도록 하는 기구의 설립이 필요하다. 이에 대한 절차 요건이 명시되고, 사후관리와 점검체계를 위한 규범이나 지침이 제시되어야 한다. 생명윤리와 인권보편선언에서 각 국가는 모든 수준에서 생명윤리 교육과 훈련이 활성화되고 생명윤리 지식정보의 보급이 장려되도록 노력해야 한다. 특히, 이 선언에 명시된 원칙들이 과학기술의 윤리적 의미를 이해하는데 도움이 되도록 모든 노력을 기울여야 할 것이다. 이처럼 정보통신 의료 기술이 발달하게 될 미래에는 인권이 생명권으로 확대되어 새로운 담론이 필요한 상황을 맞이할 수도 있을 것이다.

인권 Human Rights
이야기

참고
문헌

공보처 통계국(1952). 『대한민국 통계연감(6·25 사변 민간 피해 조사표)』.
공수진·박민영·이동호(2011). "이주노동자권리협약 비준을 위한 국내법제의 검토", 『공익과인권』 9.
구정우(2007). "세계사회와 인권". 『한국사회학』 41(3).
구정우·남윤창·황태희(2018). "인권감수성 예측모형 구축", 『사이버커뮤니케이션 학보』 35(1).
김덕현(2014). "정신요양시설, '폭행과 수용'이 아닌 '요양과 사회복귀'를 위하여, 『공익과 인권』 14.
김덕현(2015). "반복되는 정신보건시설 인권침해, 무너지는 자유 안전 자기결정권", 『공익과 인권』 15.
김동규·김현수(2018). "인권지향적 스포츠맨십의 정초", 『한국체육철학회지』 26(2).
김민수(2003). "인권의 보편성과 실천성에 관한 연구", 동국대학교 박사학위논문.
김성섭(2019). "경찰관의 인권감수성에 영향을 미치는 요인", 동국대학교 박사학위논문.
김소연(2016). "주권과 인권의 역사적 발전과정과 글로벌시대 새로운 관계 정립", 고려대학교 박사학위논문.
김영완·김민지·서창록(2014). "세계 국가인권기구 현황과 한국의 국가인권위원회". 『평화연구』 가을호.
김애령(2019). "책임의 연대", 『여성학연구』 29(1).
김윤정(2017). "인권 교육에 따른 온라인대학 성인학습자의 인권감수성 변화에 대한 연구", 전라북도교육청.
김자영(2012). "청소년의 인권의식 유형에 영향을 미치는 요인에 관한 연구", 『시민청소년학연구』 3(1).
김종세(2019). "인권친화적 기업을 위한 정책적 대안". 『법과 정책연구』 19(1).
김종오·이대성(2009). "법치국가의 위기와 공권력 무력화 현상에 관한 연구". 『세계헌법연구』 15(3).
김진희·이로미·김자영(2019). "학교 현장에서 인권의식 제고를 위한 인권교육", 『시민교육연구』 51(2).
김창윤(2018). "역대 치안총수와 인권정책에 관한 연구". 『한국경찰학회보』 20(5).
김현수(2011). "범죄피해자의 인권보호에 관한 연구", 경북대학교 박사학위논문.
남연희 · 이승준 · 채인석 · 김경수(2012). "노인복지시설 요양보호사의 인권민감성에 관한 연구", 『한국자치행정학보』 26(3).
노희정(2016). "인권감수성 신장을 위한 도덕과교육", 『도덕과윤리과교육』 53.
명재진 · 이한태(2013). "사이버윤리 연구동향 분석과 정보인권 측면에서의 평가", 『정보화정책』 20(1).
문미희(2006). "예비교사를 위한 인권의식 함양 프로그램의 개발과 효과 검증 : Rest의 도덕성의 4구성요소 모형을 중심으로", 『교육심리연구』 20(2).
박래군(1998). "인권선언 50주년에 생각하는 인권의 문제", 『노동사회』 3월호.
박범석(2014). "인권 개념의 불교교육적 쟁점", 『종교교육학연구』 45.
박진아(2019). "인권조약상의 정보접근권에 관한 소고", 『홍익법학』 20(2).
변해철(1997). "1789년 프랑스 인권선언과 형사법상의 일반원칙", 『외법논집』 4.
북한인권정보센터(2016). 『북한 종교자유 백서』.
북한인권정보센터(2019). 『북한인권백서』.
손선화 · 엄영호 · 장용석(2018). "한국 기업의 인권경영 도입에 관한 탐색적 연구", 『지방정부연구』 22(2).
손영화(2018). "외국인노동자에 대한 법정책의 연구", 『법과 정책연구』 18(1).
송영훈(2016). "난민의 인권과 국가안보", 『담론 201』 19(3).
신상숙(2007). "1980-90년대 공권력에 의한 성폭력 사건의 젠더정치", 『사회와 역사』 76.
심현정 · 라광현(2018). "국내 미투운동의 형사사법학적 함의", 『한국경찰학회보』 20(4).
안옥선(2008). 『불교와 인권』, 불교시대사.
양해림(2018). "마르크스의 인간관", 『동서철학연구』 88.
유카리 이토(2009). "글로벌 한국과 인권. 조은진 옮김", *Journal of Contemporary*

Society And Culture.

우기택(2015). "인권기본권 제정의 필요성과 과제에 관한 연구", 울산대학교 박사학위 논문.

윤남식·김소진(2019). "경남 학생인권조례 제정운동의 역사와 과제", 『민주법학』 69.

윤영미(2017). "국가인권위원회 진정제도의 현황과 개선방안", 『안암법학』 52.

이광진(2017). "혐오표현과 표현의 자유", 『한국법정책학회』 17(1).

이근희(2009). "정신장애인의 인권 보호와 증진을 위한 국가보고서에 대한 고찰", 『사회복지실천』 8.

이덕난(2014). "교권조례 및 학생인권조례를 통해 본 교권의 의미 분석". 『교육철학』 52.

이동기(2019). "지방자치단체의 인권증진기본계획 수립에 있어 정책목표 선정의 우선순위 분석", 『지방정부연구』 23(1).

이동희(2018). "인권과 기본권의 개념적 고찰", 『법학논총』 42.

이병수(2018). "한반도 통일과 인권의 층위", 『시대와 철학』 29(1).

이상익(2015). "인간의 존엄성에 대한 새로운 접근법", 『한국철학논집』 45.

이상현(2019). "종립대학의 자율성 및 종교교육의 자유에 대한 성적지향에 근거한 차별 판단", 『법학연구』 29(1).

이선엽(2013). "인권의 제도화에 관한 신제도주의적 접근", 『한국행정사학지』 32.

이선엽(2014). "제도의 디자인과 제도화", 『한국행정사학지』 35.

이선향(2015). "한국사회 인권거버넌스의 구축과정과 관료화", 『담론201』 20(2).

이유미·황의갑(2010). "경찰의 공권력에 관한 경험적 연구", 『한국범죄학』 4(2).

이은혜(2010). "국가공권력의 인권침해에 대한 민사적 구제에 관한 법리적 검토", 『민사법연구』 18.

이인영(2006). "유네스코 생명윤리와 인권보편선언의 권고사항과 국내 실천을 위한 제언", 『과학기술법연구』 12(1).

이재호(2016). "한국사회의 갑질", 『목회와 상담』 27.

이정은(2009). "4·19 혁명과 인권", 『민주주의와 인권』 9(2).

이정은(2010). "한국전쟁 이후 '인권보호대상자'를 둘러싼 담론 형성의 매카니즘", 『사회와 역사』 86.
이정은(2018). "한국사회 인권의 제도화 과정에 대한 비판적 고찰", 『민주주의와 인권』 18(2).
이정은(2019). "인권과 여성권리의 딜레마", 『시대와철학』 30(1).
이재호(2006). "근대적 인권 이념의 기초와 한계", 『정신문화연구』 29(3).
이충은·노진석(2018). "인권영향평가의 제도화 방안에 관한 연구", 『법과 정책』 24(2).
이하배(2017). "갑질의 소통문화", 『사회사상과 문화』 20(1).
이형규(2018). "종교자유와 인도주의적 개입", 『복음과 선교』 41
장복희(2010). "무국적 탈북자의 인권 보호", 『홍익법학』 11(1).
정진성·구정우·공석기·유기웅(2014). "한국인의 인권인식과 태도", 『사회와 이론』 24.
정태욱(2000). "프랑스 혁명과 인권선언", 『영남법학』 6(1·2).
조소연(2015). "국제인권법을 통해 본 탈북난민 인권침해 현황과 해결방안", 『윤리연구』 105.
전종익(2013). "19세기 말 공권력작용과 공평의 원칙", 『법사학연구』 48.
정선영(2006). "정신의료기관 종사자들의 인권민감성에 관한 연구", 『정신보건과 사회사업』 23(1).
지현아(2016). "묵자의 겸애 사상에 함의된 다문화 인권교육", 『윤리교육연구』 42.
최수연(2011). "실패국가의 특성과 조건", 고려대학교 석사학위논문.
최영찬(2015). "학생인권과 좋은 삶", 『법교육학연구』 27(2).
최용성(2014). "인권교육 프로그램의 대안적 개발·적용·검증에 관한 연구", 『윤리교육연구』 35.
한국형사정책연구원(2018). 『법무행정 전 영역에서 인권의 주류화 방안』.
한희원(2018). "국제경찰인권 기준에 비추어 본 인권경찰의 본령과 그 실천에 대한 연구", 『한국법정책학회』 18(4).
허민숙(2012). "여성주의 인권 정치학", 『한국정치학회보』 46(1). 58-59.

홍성수(2019). "대학 인권센터의 의의와 과제", 『법과사회』 60.
황정아(2011). "인권과 시민권의 등식", 『영미문학연구』 20.
황한식(2019). "마그나 카르타", 『법조』 733.

국민정책평가신문(2019.05.24.) 가정내 아동학대 막으려…민법 '친권자 징계권'서 체벌 제외
http://www.people21.co.kr/sub_read.html?uid=74165&section=sc10&section2=
동아닷컴(2010.09.25.) 미의회 1년반만에 북인권청문회
http://www.donga.com/news/article/all/20100924/31383469/1
동아닷컴(2020.01.16.) 인권위 "조국 청원 2번째 공문 靑 착오로 보내 반송"…의문 여전
http://www.donga.com/news/article/all/20200116/99258542/2
동아일보(2010.09.09.) '서울 학생인권조례' 제정 가속도 낸다.
http://www.donga.com/news/article/all/20100909/31063930/1
동아일보(2019.05.24.) [단독]폭행당한 경찰관 "진압하다 처벌받으니 때리는대로 맞아"
http://www.donga.com/news/article/all/20190524/95675376/1
아시아투데이(2018.06.04.) 공무집행 중 폭력피해 연 700명…김부겸 장관 "경찰·해경·소방관 인권 존중받아야"
http://www.asiatoday.co.kr/view.php?key=20180604010001425
이투데이(2019.07.25.) [사설] 현대重 노조에 손배소, 엄정한 법치 세워야
http://www.etoday.co.kr/news/view/1780555
한겨레신문(2019.05.23.) 경남학생인권 조례 제정 촉구"
http://www.hani.co.kr/arti/society/area/895106.html
한겨레신문(2019.05.23.) 가정내 아동학대 막으려…민법 '친권자 징계권'서 체벌 제외
http://www.hani.co.kr/arti/society/society_general/895103.html

허프포스트코리아(2015.06.03.) 미국자유법, 상원 통과했다
https://www.huffingtonpost.kr/2015/06/02/story_n_7497718.html
검찰청(www.spo.go.kr 검색일 : 2019.12-2020.01)
경찰청(www.police.go.kr 검색일 : 2019.12-2020.01)
고용노동부(www.moel.go.kr 검색일 : 2019.12-2020.01)
국가법령정보센터(www.law.go.kr 검색일 : 2019.12-2020.01)
국가인권위원회(www.humanrights.go.kr 검색일 : 2019.12-2020.01)
국제노동기구(www.ilo.org 검색일 : 2019.12-2020.01)
국제앰네스티(https://amnesty.or.kr 검색일 : 2019.12-2020.01)
국제연합(www.un.org 검색일 : 2019.12-2020.01)
국제표준기구(www.iso.org 검색일 : 2019.12-2020.01)
국제형사재판소(www.icc-cpi.int 검색일 : 2019.12-2020.01)
법무부 교정본부(www.corrections.go.kr 검색일 : 2019.12-2020.01)
외교부(www.mofa.go.kr 검색일 : 2019.12-2020.01)
전국교직원노동조합(www.eduhope.net 검색일 : 2019.12-2020.01)
전국민주노동조합총연맹(www.nodong.org 검색일 : 2019.12-2020.01)
종합법률정보(https://glaw.scourt.go.kr 검색일 : 2019.12-2020.01)
한국노동조합총연맹(http://inochong.org 검색일 : 2019.12-2020.01)
헌법재판정보(https://search.ccourt.go.kr 검색일 : 2019.12-2020.01)

저자 소개*

이종수

- 서울대학교에서 학사, 석사, 박사학위 취득
- 한국행정학회 회장 역임
- (현) 서울지방경찰청 인권위원장
- 저서: 대한민국은 공정한가?
  행정윤리론
  새행정학 외

김영옥

- 한성대학교 행정학박사
- 한성대학교 행정학과, 행정대학원 외래교수
- (현) KC대학교 외래교수
- (현) 팍스코리아나 연구소 이사
- 저서: 행정학입문

김영재

- 단국대학교 행정학박사
- (현) 단국대학교 행정학과 초빙교수
- (현) 한국행정사학회 간사
- 저서: 한국행정의 이해 외

배향자

- 한성대학교 정책학박사
- (전) 한성대학교 행정학과 외래교수
- (현) 중앙경찰학교 외래교수
- 저서: 행정학입문 외